JAPANESE FOR BUSY PEOPLE

I

Teacher's Manual

JAPANESE FOR BUSY PEOPLE

Revised Edition

I

教師用指導書
Teacher's Manual

Association for Japanese-Language Teaching

KODANSHA INTERNATIONAL
Tokyo・New York・London

Distributed in the United States by Kodansha America, Inc.,
114 Fifth Avenue, New York, N.Y. 10011, and in the United
Kingdom and continental Europe by Kodansha Europe, Ltd.,
95 Aldwych, London WC2B 4JF.

Published by Kodansha International Ltd., 17-14 Otowa
1-chome, Bunkyo-ku, Tokyo 112-8652 and Kodansha America,
Inc. Copyright © 1991 by the Association for Japanese-
Language Teaching. All rights reserved. Printed in Japan.
ISBN 4-7700-1906-8

First edition, 1991
First revised edition, 1994
98 99 00 5 4 3

目　次

Japanese for Busy People I を使って教えるために

本指導書の構成

各課解説

本書は、社団法人国際日本語普及協会（AJALT）専任教師安達幸子、品田潤子の両名が執筆した。執筆にあたっては、松井晴子からは助言を、梶川明子からは指導例のアイディアを得たほか、"Japanese for Busy People I"を使って教えている多くの教師からの協力を得た。

Japanese for Busy People I を使って教えるために

1. Japanese for Busy People I のアプローチ

外国語学習の方法には、二つの異なったアプローチ[1]がある。文型や語彙といった言語の構造を段階的に学んでいく方法と、言語の構造よりも言語を使う目的を重視して学んでいく方法である。

前者では、より単純で基本的な文型からだんだん複雑な文型へ順に積み上げて学習を進めていく。「これは本です」などの文型から始まる教科書がこのアプローチに基づくものである。これらの教科書では、自然な日本語であるかどうかよりも、学習者が理解しやすい文型であるかどうかが優先されるので、学習者が学ぶ日本語と実際に使われている日本語の間に差ができてしまう。学んだ文型や語彙を実際の生活で使うためには、学習者が自分で応用していく力が必要となる。

後者では、その言語を使って何らかの目的を達成することが学習の中心となる。学習項目は文型や語句ではなく、いろいろな目的を達成する場面や言語の働きが取り上げられる。「自己紹介をする」とか「買い物をする」といった日常生活の場面や、「依頼する」「許可を求める」といった言語の機能をテーマとした教科書がこのアプローチに基づくものである。言語の構造については、場面や機能から学習した文の構造を学習者が自分で分析していく力が必要となる。

外国語学習のために、二つのアプローチのどちらかがより効果的であると言うことは難しい。しかし、どちらか一方を純粋に実践した場合、最終的な学習目標を達成するまでに時間を要することは間違いない。前者では、文法的に正しい日本語を使うことは早くから訓練できるが、実際の生活場面でその場にふさわしい日本語が使えるようになるまで時間がかかる。一方、後者では実際の生活場面に対応する力は早くからつくが、日本語の構造を体系的に理解するまでには時間がかかる。

Japanese for Busy People I (以下 JBP I と略称する) は、忙しい学習者が効率よく日本語を学べるように、この二つのアプローチを融合させた教科書である。両アプローチの利点を生かし、基本文型の習得と基本的な生活場面に適切に対応できる力の養成という2種類の学習を、ほぼ同時に進めていけるように構成されている。うまく学習が成功すれ

9

ば、あまり時間をかけずに、正確でコミュニカティブな日本語力をつけることができる。もっとも理想的な方法は、場面を設定し、その場面を生かして文型や語を導入、練習していく方法である。しかし、入門期の学習では、必要な文型や語彙をあらかじめ導入、練習しておかなければ、場面に対応した練習がうまく進まない場合が多い。この場合、基本文型を習得させるための教え方と、生活場面での対応力を養成するための教え方では、導入や練習の方法が異なってくる。教師は、この違いを理解して、それぞれにふさわしい方法を研究し、さらにこの二つをバランスよく組み合わせて授業計画をたてなければならない。

　本書の指導例では、文型や語を定着させるための教授法としては、ダイレクト系メソッド[2]と認知系メソッド[3]の折衷案をとった。基本的な学習作業の形態は、モデルを与えリピートをさせるなど、ダイレクト系メソッドをとっているが、機械的な反復練習ではなく、学習者が自発的に理解しながら学習を進めていけるように、認知系メソッドの利点も取り入れている。場面への対応練習では、タスク練習など、コミュニカティブ・アプローチに基づく作業を多く取り入れている。

　JBP Ⅰが日本語の構造面から学習目標として取り上げた文型は、全初級文型[4]の３分の１である。また、学習者の負担を軽減するため、語彙も必要最低限におさえられている。日本語を使う場面は、社会人の日常生活に最低限必要な場面を選び、大人の社会人としてその場にふさわしい日本語が使えることを目標としている。単に「自己紹介」「買い物」といった場面だけでなく、「勧誘」「許可」といった言語の機能もテーマとして取り上げた。これらの組合わせによって、広く生活場面に対応することが可能となる。本教師用指導書では、便宜上、機能も一括して場面とよぶことにする。

　　注　　1）　D.A.Wilkins は、*Notional Syllabuses* (Oxford University Press, 1976)で、言語教育の二つの異なったアプローチとして、「総合的 (synthetic) アプローチ」と「分析的 (analytic) アプローチ」をあげている。
　　　　　2）　オーディオリンガル・メソッドに代表される模倣や反復練習を中心とした教授法。
　　　　　3）　サイレント・ウェイ、カウンセリング・ラーニングに代表される学習者の自主的な活動を中心とした教授法。
　　　　　4）　『日本語教育事典』(大修館)によると、初級レベルとは一般的に学習の開始から約200〜300時間の授業時間をかけて行われる学習段階である。この段階で学習する文型が一般に初級文型とよばれている。

２．JBP Ⅰの構成

　二つの異なったアプローチを効率よく融合させた結果は、JBP Ⅰの構成に表れている。JBP Ⅰは、全体を10の文法テーマに分け、それぞれの文法テーマをいくつかの場面に分けて学習していく構成になっている。課は場面ごとに設けられ、全部で30の課があるが、その中に復習用の課が四つ含まれている。文法の説明は、同じ文法テーマに基づくいくつかの課の一番はじめの課の本文の後についている。

　具体的な構成は以下のとおりである。

文法テーマ	場面テーマ
文法Ⅰ　名詞文 　　　〔名詞₁〕は〔名詞₂〕です	第 1 課　紹　介 第 2 課　名刺交換 第 3 課　日付と時刻 第 4 課　買物Ⅰ 第 5 課　買物Ⅱ
文法Ⅱ　動詞文 1 （往来動詞） 　　　行きます・来ます・帰ります	第 6 課　人や乗り物の往来 第 7 課　訪問Ⅰ—客の出迎え
文法Ⅲ　動詞文 2 （存在動詞） 　　　あります・います	第 8 課　人や物の存在 第 9 課　場所を尋ねる
文法Ⅳ　動詞文 3 （動作動詞） 　　　食べます・読みます等	第10課　一日の生活 第11課　東京の生活（復習） 第12課　電　話
文法Ⅴ　形容詞文 　　　い形容詞・な形容詞	第13課　訪問Ⅱ—茶菓の接待 第14課　感想を述べる
文法Ⅵ　動詞文 4 （授受動詞） 　　　あげます・もらいます	第15課　贈り物
文法Ⅶ　勧誘と申し出 　　　〜ましょう・〜ませんか・〜ましょうか	第16課　スキーに誘う 第17課　招待をする
文法Ⅷ　所有と出来事 　　　あります	第18課　映画に誘う
文法Ⅸ　動詞の活用 　　　-te form　　〜て〜 　　　　　　　　〜てください	第19課　予定を話す 第20課　依頼と注文 第21課　タクシー・クリーニング店の利

	～てもいいです ～ています -nai form　～ないでください	用、レストランの予約(復習) 第22課　交通機関の利用 第23課　許可を求める 第24課　禁止する 第25課　進行中の動作・行為を述べる 第26課　パーティー(復習) 第27課　家族について話す
文法Ⅹ　〔人〕は〔名詞〕が〔形容詞〕です ～たいです		第28課　好みを述べる 第29課　外食―料理を選ぶ 第30課　手紙(復習)

3．各課の構成

① タイトル　　タイトルは場面テーマに基づく学習目標を表している。

② 本文会話　　本文会話は場面テーマの具体的な会話例である。第3課からは会話の
ほかに、会話の要点を叙述した文もついている。これは、ある場面で
の会話文だけでなく、その場面を外側から描写した叙述文にも早くか
ら慣れさせること、すなわち、省略の多い会話文に対して叙述文で完
全な文を示し、文の構造をしっかり学ばせることを目的としたもので
ある。本文は、平仮名と片仮名で書かれたもののほかに、ローマ字書
きと英語の訳がついている。本文の会話には、その課で学習する文型
がすべて含まれていない場合もある。含まれていない文型は、EXER-
CISES の SHORT DIALOGUES に含まれている。

③ GRAMMAR
（文法）　　前述のとおり、この教科書は課ごとに独立した文法テーマがあるので
はなく、一つの文法テーマのもとにいくつかの課が設けられている。
文法説明は、各々の最初の課の本文の後についており、それに続く数
課分がまとめて書かれている。文法テーマに基づく学習項目は、それ
に続く各々の課に順次配分されている。

④ NOTES　　本文会話のうち、「文法」で取り上げたこと以外の重要な文法事項、注
意すべき語句、表現などについて説明されている。

⑤ PRACTICE　　KEY SENTENCES, EXERCISES, SHORT DIALOGUES
KEY SENTENCES は、その課で学習する文法項目の規範的な例文で
ある。EXERCISES は、その課で学習する文法項目のパターン練習や
活用練習の例である。パターン練習には、代入練習と QUESTIONS
& ANSWERS (以下Q&A)練習の2種類を取り上げた。SHORT

DIALOGUES には、本文の会話を補強して学習目標の場面への対応力をつけるもの、本文会話に含まれなかった学習項目を短い会話の中で練習させるものなどがある。

⑥　語　彙　新出語彙は、本文、KEY SENTENCES, EXERCISES, SHORT DIALOGUES に分かれ、それぞれに英訳がついている。訳は各々の場面で扱われている意味だけが取り上げられているので注意する。

⑦　QUIZ　各課の終りに QUIZ がある。QUIZ には、本文会話の内容の理解を問う質問が必ず設けられている。そのほかに、文法項目の確認、英文和訳などが主な内容である。巻末に解答がついている。

４．教科書の効果的な使い方

この教科書は、学習者が独習することもできるように構成されているので、忙しい学習者の場合にも、時間の許す限り予習をさせることが望ましい。学習者が、文法説明、語彙の説明、NOTES、会話の訳などを事前に読んでから授業にのぞめば、授業の時間は運用練習に専念できるからである。

授業では、教科書を広げずに、あらかじめ計画した教案（指導例参照）に基づいて、各課の学習項目の導入と練習をする。学習者が予習をしてくる場合は、直接口頭練習から始めればよい。EXERCISES は、上記の練習の中に含めてしまうとよい。時間があれば、文字を追って確認してもよい。KEY SENTENCES は、口頭練習が終った時点では、学習者にとってかなりなじみある文になっているはずである。文を覚えさせたり、ディクテーションなどをさせて、基本文型の定着を確認するのに便利である。本文会話と SHORT DIALOGUES は、場面学習の仕上げとして用いる。オーディオテープやビデオテープを使って聞き取り練習をしたり、覚えさせて役割練習をする。JBP Ⅰの会話はどれも完全に役割練習ができるところまで仕上げることを目標としている。本文会話は、一番はじめに学習目標を確認するときに聞かせて、学習目標を具体的に示すのに使うこともできる。その課の学習の最後にもう一度聞き、はじめに聞いたときとの理解度の差を意識させると、目標達成を実感させることができる。学習目標と場面との関連は、ビデオを用いると一層効果的である。最後に、QUIZ で学習事項の定着度を確認する。

５．発音について

会話力をつけるためには音声の指導は非常に大切である。忙しい学習者の場合は、発音練習を独立させて行うのではなく、ほかの練習の中にうまく組み込むようにするとよい。

まず、はじめの授業で、日本語の音韻体系の特徴を強く印象づける。第１課で自己紹介をするときに、学習者は自分の名前や会社の名前を言うわけだが、ここでそれを日本語式に発音するとどうなるか紹介し、学習者に母語と日本語の音韻体系の違いに興味をもたせる。そのうえで、ローマ字表記の説明を兼ねて日本語の音韻体系の全体像を見せるとよい。

こういった手順をふまずに、いきなり教科書の50音図を見せて発音練習をさせるのはあまり効果的ではない。

　ローマ字の50音図を見せたら、はじめに五つの母音の発音をよく練習させる。特に、学習者の母語との違いに注意させる。このとき、一つずつ発音させた場合の音色、長さだけでなく、組み合わせて発音した場合の変化などにも注意する。例えば、英語話者の場合一つならかなり正しい発音ができても、「あい」「えあ」のように組み合わせると、二重母音化することが多い。母音を学習したら、子音との組み合わせも練習するが、この段階ではひととおり言わせてみる程度でよい。個別に練習してうまくいっても他の音と組み合わさるといろいろな変化が起こるからである。ここでは、基本となる母音の練習をして、全体については、どの音の発音に弱いか、学習者と教師が確認できればよい。

　文型や表現の練習に入ったら、音色や調音方法よりも、文全体のリズム、アクセントに注意する（具体例は p.27参照）。定着の条件として（p.19参照）、自然な日本語に近いところまでリズム、アクセント、さらに速さを矯正することとしたが、学習者によってはこれが非常に困難な場合もある。この場合は、授業のたびに比較的短い文を選んで一つは必ず日本語らしく言えるところまで練習するようにする。

　調音方法の難しい音や、促音、長音など、拍のとり方が難しい音については、ときどき時間をさいて練習する。この場合も、なじみの薄い語を使ったミニマルペアで練習するのではなく、学習項目の練習の中に取り入れるとよい。例えば、数字、曜日、月日、動詞の活用などを覚えさせるとき、発音練習を取り入れると、その間に覚えてしまったりするものである（具体例は p.45参照）。

6．文字の指導について

　JBP Ⅰは、平仮名や片仮名の学習をしなくても、ローマ字だけで学習することができる。しかし、音声指導の面からも、また、この教科書を終えてさらに高度な段階に進むためにも、文字の学習は早くから始めた方がよい。

　平仮名は、毎回少しずつ学習していくよりも、一度、集中して全体を覚える努力をさせ、そのうえで毎回根気よく復習していくとよく定着する。

　教科書の学習との組み合わせ方としては、第1課から第10課まで学習する間に平仮名、片仮名を学習し、第11課で READING REVIEW が読めるようになると理想的である。はじめて文章を読ませるときは、助詞を拾って印をつけさせたり、文中の語彙を先に拾って読みの練習をしておくなど、段階を踏んでから長い文を読ませるとよい。

　文字を導入するときは、句読点の使い方、疑問符（?）は原則として用いないことについても指導する。また、分かち書きについても簡単に解説しておく。

　平仮名、片仮名、漢字の3種類を用いる日本語の表記法に好奇心をいだく学習者が多い。基本的なことは教科書にも説明があるが、さらに詳しく知りたい学習者のためには、学習者の母語で書かれたものなどを用意して資料として渡せるようにしておくとよい。

７．時間配分と進み方

　(社)国際日本語普及協会の常設クラスの例をあげると、５週間の集中コースで、JBP Ⅰの全30課と仮名の学習を、１日2.5時間、総時間62.5時間で終えている。

　個人授業の場合、時間配分はその学習者の事情によるが、平均１課につき２時間から３時間が目安となる。ただし、第６課、第８課、第10課、第12課、第13課、第19課、第24課、第28課のように、重要な文法項目をはじめて学習する課、語彙の多い課ではもっと多くの時間をかけて学習する必要がある。また、JBP Ⅰは個々の学習者の学習力と目的によって、学習の密度を柔軟に変えることができる。教科書の文型をベースとして、場面に必要な語彙や表現を補充すれば多くの時間をさいて授業をする必要があるし、反対に内容を単純にして早く進むこともできる。本書では、語彙の補充はせずに各課の目標を確実に達成するための指導例をあげてみた。

　指導例では、一つひとつ定着させて進んでゆくことを原則としたが、さまざまな理由から、対象となる学習者がなかなか定着の段階まで進めない場合もある。特に、授業と授業の間隔が長く、復習をする時間もない忙しい学習者に個人授業で教える場合などである。そのような環境で学習効果をあげるためには、変則的な教案をたてる必要がある。JBP Ⅰの前半の文法Ⅰ～Ⅵ（第１課から第15課まで）は、それぞれを踏み台として次へ進まなくても学習することが可能である。例えば、文法Ⅰの名詞文が十分に定着しなくても、文法Ⅱの動詞文の学習は始めることができる。そして、その後で名詞文にもどるなど、各課の内容をさらに単純化して教案を工夫すれば、学習時間が少ない場合にもそれなりの効果をあげることができる。

　しかし、前半が未定着のまま後半の第16課以降に進むことはむずかしい。第15課までに、名詞文、動詞文、形容詞文の基本構造と、格助詞、疑問詞などの機能が定着してはじめて第16課以降の学習が可能になる。どんな学習者の場合でも、第15課までの学習が終わったら、かなり復習に時間をさき、確実に定着させてから第16課へ進んだ方がよい。ただし、第20課の「～てください」は日常よく使う表現なので、第16課以降に進むことが難しい場合でも表現として早めに導入、練習してもよい。

本指導書の構成

教師用指導書は、「文法解説」「学習目標」「学習項目」「指導例」に分けて解説した。「文法解説」は I ～ X の文法テーマごとに、ほかは課ごとに解説した。

1．GRAMMAR

GRAMMAR では I ～ X それぞれの文法学習項目をあげ、教師の頭の整理として文法のとらえ方の要点を解説し、必要に応じて教科書の説明を補足した。

学習者が JBP I の日本語が使えるようになるための文法知識は、教科書の GRAMMAR や NOTES に書かれた説明で十分である。教師もあらかじめこれらの説明をよく読んでおき、その範囲内の学習者の疑問に対しては、授業の時間をさいて教師が説明するよりも、教科書の該当箇所を読むように指示した方が授業を効率よく進めることができる。

2．学習目標

各課の学習目標は、場面テーマを具体的な言語行動の形で設定した。「この課が終るとこれができるようになる」と目標を具体的に把握できると、学習者の意欲も増し、自分で学習の要点もつかめるようになる。

3．学習項目

学習項目は、文法テーマから各課に配分された文型や助詞等の文法項目が中心となるが、重要な語彙や表現も含んでいる。

文型は、初級文型を積み上げていくための基本となるものである。構文のしくみ、働きをきちんと理解させ、広く応用して使えるように練習する必要がある。第1課なら、「〔名詞$_1$〕は〔名詞$_2$〕です」が文型である。文型と同様に、助詞、疑問詞、副詞、接続詞等の使い方も学習項目として扱う。

表現は、ある場面で適切な日本語を使うために学習するものである。例えば、第1課なら、「はじめまして。どうぞ、よろしく」が表現である。表現は、構文のしくみを理解させる必要はないが、学習者によっては表現の構文的なしくみを知りたがることもある。非常に理解力のある学習者の場合など、例外はあるだろうが、表現はそのまま覚えて使うように指導する。学習項目を確認するときもっとも大切なことは、上記2種類の学習項目をよ

く区別しておくことである。教える側と学ぶ側が、しくみをよく理解して広く応用できるようにする項目と、細かいことにこだわらずそのまま覚えて使う項目を区別していれば、学習にかける時間とエネルギーを効率よく使うことができる。

4．指導例

(1)　授業例の設定

　この指導書では、忙しくてあまり学習時間のない学習者を対象とした授業を設定して指導例を作成した。具体的な教室作業について解説する必要から、教師「川田」と学習者「ビジー（英語圏から来日したビジネスマン）」の間で行われる教室作業を指導例としてあげたが、基本的な導入と練習の手順は、学習者が複数になった場合でもそのまま応用することができる。ただし、その場合は複数の学習者を効率よく教室作業に参加させるための技術が必要になるが、その点については、この教科書を使用する場合のみにあてはまることではないので多くの解説はしなかった。

　指導例は基本的な教え方について書いたものであるが、日本語の学習を成功させるためには、学習者の目的、環境に合わせて教師が指導方法を柔軟に工夫することが大切である。

(2)　授業の進め方

導　入

　導入とは、文型、語句、表現などの学習項目をはじめて学習者に紹介し、それらの音、表記、意味、用法を理解させる作業である。導入の方法には、絵などを見せながら教師が言って聞かせて学習項目を提示する方法、すでに学習した項目による会話の中で学習項目を提示する方法、また場面を設定して学習者に導入しようとする項目を使う必要性を感じさせてから提示する方法などがある。どんな方法が適当であるかは学習項目によって異なるが、会話力の養成を第一の目的とする場合、導入は音声だけで行った方がよい。提示する学習項目の意味を教える時、媒介語を使うか、日本語だけで教えるか（直接法）がよく問題となるが、忙しい学習者の場合は、次のように場合に応じて最も有効な方法を選べばよい。絵や写真を見せてすぐわかる場合にはそれらを使う。そこまでに学習した日本語を使って理解させられる場合はそうする。媒介語の訳を与えるのが一番速い場合はそうしてもよい。ただし、授業が翻訳に終始しないように注意する。教室で媒介語を使う場合はあまり堂々と使わずに、小声でささやいたり、教科書の訳語をそっと指したりというふうに使う。媒介語は必要に応じては使うが、簡単に媒介語を使ってよいという雰囲気を作ってはいけない。堂々たる媒介語のやりとりが続くと日本語のリズムが乱れてしまうし、学習者の日本語を使おうという気持をそいでしまうことになる。

練　習

　練習は、導入した学習項目を定着させるために行う作業である。練習の方法には、リピート、Ｑ＆Ａ、叙述、会話などがある（詳しくは第１課指導例参照）。練習の方法も導入と

同様に学習項目によってふさわしいものを選ぶ。

　練習は、二つの段階に分けて行うことが大切である。第1の段階では、学習者の発話（話すこと）を教師が完全にコントロールして練習させる。リピートをしたり、絵カードなどで与えた内容についてQ＆Aしたり、話させたりする練習である。例えば、人を紹介する練習なら、紹介する人物の名前や職業を絵カードで与えてその人物を紹介させる。学習者の実在の友人を想定して紹介させることはしない。なぜなら、この段階では、紹介するために必要な文型や表現を定着させることが第一の目的である。その文型が定着しないうちに実在の友人を紹介させると、その友人の職業によっては、まだ学習していない職業名が必要になったりして、文型の定着に集中できない要素が生まれてくる。第一の段階では、効率よく文型を定着させるために教師がたてたプランの流れをくずさないようにすることが大切である。文型が定着したら第二の段階に入る。第二の段階は、定着した文型を実際の場面で使えるようにする練習であるから、学習者に自由に発話させてよい。同僚や家族など実在の人物の紹介をする練習をさせ、必要な語句はどんどん与える。

　練習の段階では、記憶力に頼らずにできるだけ多くの発話をさせることが大切である。文型に十分に慣れていないうちは、絵カードを文型の順に並べておいたり、「～は～です」のように構文の図式を示しておいてもよい。新出語が定着していない場合は、ローマ字入りの絵カードを見ながら練習したり、黒板などにその語をローマ字で書いておいてもよい。ただし、どちらの場合も、学習者がただ読むだけにならないように文をまるごと書いて示すことはしない。そして、文型のヒントはなるべく早く取り払い、学習者に自分で文をたくさん組み立てる機会を与えることが大切である。

　学習者が文を楽に組み立てられるようになったら、自然な速さで言えるようになるまで練習する。個々の発音の正確さにはあまりこだわらなくてよい。日本語の自然なリズム、自然な速さで言えるように練習することを第一とする。定着を目的とする学習項目の場合は、以下の点ができるようになってはじめて定着したとする。

　①文の言い始めから言い終りまで、日本人が聞いて自然な速さである。
　②名詞と助詞の間があかず、助詞が強調されて発音されない。
　③学習者の母語の影響によるリズムの乱れがあまり目立たない。

　以上の練習を重ねるうちに、記憶力に頼らなくても学習項目は定着していく。

　基本的な導入と練習の方法は、課別の指導例の第1課に詳しく説明する。第2課以降では、繰り返しになる説明は省略するが、第1課に準じて行うようにする。

　なお、練習の段階で最も大切なことは、教師が学習者をよく観察して、練習の方法やペースを調整することである。やさしすぎたり、むずかしすぎたりする練習は時間の無駄である。やっとうまく言えるようになったら、自信をもたせる程度にその段階にとどまり、学習者が飽きてしまう前に次の段階に進むといった工夫が必要である。

定　着

　予習や復習があまりできない学習者の場合は、授業中に教えたことをその場で定着させなければならない。もちろん短い授業ではすべてを定着させる時間はない。そこで、教師は、学習項目をよく吟味して、その課で定着させる項目とそうでないものを見極めて授業計画を立てなければならない。また、定着させられない項目も、そこで捨ててしまうのではない。いかに後々の授業に組み入れて時間をかけて定着させていくか、その計画もたてておかなければならない。授業中に定着させる項目は、学習者の授業スケジュールや学習力に合わせて選択する。

　では「定着した」とはどのような状態を言うのだろうか。簡単に言えば、学習者がその文を必要としたときに、すぐに言える状態になることである。これは、文型の習得を終え、実際の場面で日本語が使えるようになるために絶対に必要な条件である。

定着の確認

　定着したかどうか確かめる場合は、教師から発言しないようにする。絵カードを与えて適当な文を作らせたり、学習者の方から教師に質問させたりする。教師の質問に答えるときは、半分以上教師が言ったことを繰り返しているに過ぎない。学習者が自分で無から文を組み立てられることが大切である。学習時間に余裕のない学習者には、宿題や試験の準備といった復習の機会もあまりない。それだけに、各学習項目を導入、練習の段階で確実に定着させ、かつそれを確認しておくことが大切である。

タスク練習

　練習の第2段階では、定着した文型を使って実際の場面で話す練習をする。これは、場面への対応力、すなわち、コミュニカティブな日本語力をつける練習の下地となる練習である。そして、これをさらに強化するのがタスク練習である。

　教科書の本文やSHORT DIALOGUESの場面を利用して会話の練習をしたり、それを応用する練習をすることも、場面への対応力をつけるためには大切な練習である。しかし、与えられた会話を学習するだけでは、本当に能動的に場面に対応していく力をつけることはできない。学習者に教室の外で日本語を使わせようとするなら、能動的に日本語を話せる力をつけなければならない。

　タスク練習では、学習した文型を、場面に対応する手段として学習者が能動的に使えるように訓練する。例えば、「同僚に聞いて、会社の近くのいいレストランを五つ紹介してもらい、その電話番号を教えてもらってくる」といった課題を与える。課題についての説明は媒介語で行ってもよい。課題に用いる文型や語句は教師が与えるのではなく学習者に考えさせる。教師が意図したものとは別の文型を使っても、それが日本語として適切ならばかまわない。学習させたい文法項目にこだわらず、コミュニケーション能力の養成を重視する。タスクの課題は、実生活の中で設定して宿題にしてもよいし、教師が必要な状況を

設定して授業中に行ってもよい。

　本指導書は、タスクの課題をいくつか例としてあげたが、タスクの課題を選ぶとき大切なことは、教えている学習者の興味や実生活での必要性によって課題を選ぶことである。

GRAMMAR I （第1課から第5課）

文法項目

1．名詞文「［名詞₁］は［名詞₂］です」の基本構造を学習する。

名詞文の肯定文、否定文、疑問文

「です」の "present form"（第1課）と "past form"（第3課）

2．「こそあど」の基本的な用法を学習する。

これ（第2課）

それ・あれ（第4課）

この・その・あの・どの・どれ（第5課）

解説と注意点

1．です

「です」は、厳密には動詞ではないが、文末におかれ活用するなど、用法が動詞と似ているので、JBPでは動詞に準ずるものとして扱っている。

なお「です」は、発話時の判断や断定を表わすので、例えば、「きのう富士山に行き<u>ました</u>。富士山は日本で一番高い山<u>です</u>」のように、過去のことを話しているときにも使われる。単純に「です」の past form として「でした」を使うことはできないので、注意を要する。

2．助詞「は」

「は」は、主題を導く助詞である。「私はスミスです」という文では、「は」が「私」を主題として取り上げ、「は」以下にその主題についての情報「スミスです」を与えている。

主題となりうるものは主語だけではない。場所「<u>大阪には行きません</u>」（第6課）、時「<u>昨日は</u>スミスさんのうちに行きました」（第11課）、目的語「<u>すき焼きは先週</u>食べましたから、しゃぶしゃぶがいいです」（第29課）など様々である。「私は行きます」は、主題

23

であると同時に述語「行きます」の動作主が私であることを表している。しかし、「大阪には行きません」以下の例が示しているように、日本語の基本構造として「～は～です」文の「～は」は、動作主以外のものも主題として取り上げる。特に、この点は英語を母語とする学習者には、理解が困難であるので、よく注意する。

3．主語の省略

日本語の会話には、話し手と聞き手が了解している事柄はできるだけ省略されるという特徴がある。特に、主題「～は」は話し手と聞き手が会話の場を共有していて双方にとって主題が明らかな場合、省略されるのが一般的である。逆に、何について話しているのか、はっきりさせる必要がある場合には、「～は」が必要となる。導入、練習のときから、省略すべき場合は省略した文を使うようにしないと、後から矯正することは難しく、自然な会話ができなくなる場合が多い。一方、客観的に出来事を叙述するときには、情報は一定の語順で過不足なく述べられなければならない。

JBP Ⅰではこの二つの形式に早くから慣れさせるため、第3課から■印をつけて会話文に続き、叙述文が書かれている。このことは、巻頭の英文のINTORODUCTION（教p.8）の中で説明してあるが、この数行の叙述文を省くことなく理解させてほしい。

4．こそあ

JBP Ⅰでは、目に見える物を実際に指し示す「こそあ」の用法しか出てこない。文脈指示詞としての「こそあ」やその他の用法は、扱っていない。

5．[名詞]を[数量]ください

数量を表すことばは、目的語と動詞「ください」の間におかれるのが一般的な語順である。英語話者は、数量を名詞の前においてしまいやすいので、注意を要する。

副数材のヒント　I

　第1課から第5課までは、学習者に文型や語の蓄積がまったくない。新しく導入する語の意味を、英語に頼らずに理解させるためには、副教材を用意する必要がある。

　国名、職業名などをすぐ理解させるためには、絵カードを準備するとよい。特に、いろいろな職業の人物カードを用意すると、「紹介する」「電話番号を聞く」などの場面練習に有効である（指導例の中で、絵カードの例をいくつかあげた）。

　また、JBP I では、社会人の身近にある物を多く語彙として取り入れている。「名刺」「時計」「鍵」「本」「めがね」「灰皿」など、わざわざ絵カードを用意しなくても、教師や学習者の身近に実物がある場合も多い。実物を使った方が、臨場感が増すのでおおいに利用するとよい。第5課では、「～枚」「～本」を使って数える物や、「日本の新聞」「62円の切手」などの実物を用意しておくと、文型の導入、練習だけでなく、「買い物」の会話練習にも有効である。

　文型を整理するためには、基本的な語のカード (p.68) を用意しておくと、時間が節約でき、効率のよい作業ができる。

第１課　紹　介

<table>
<tr><td>学習目標</td><td>**場面**</td><td>初対面の挨拶をする。
自己紹介をする。
人を引き合わせて紹介する。</td></tr>
<tr><td>学習項目</td><td>**文型**</td><td>〔名詞₁〕は〔名詞₂〕です
〔名詞₁〕は〔名詞₂〕ですか
はい、〔名詞₁〕は〔名詞₂〕です
いいえ、〔名詞₁〕は〔名詞₂〕ではありません</td></tr>
<tr><td></td><td>**助詞**</td><td>は（主題）
か（疑問）
の（所属）</td></tr>
<tr><td></td><td>**疑問詞**</td><td>どなた・だれ</td></tr>
<tr><td></td><td>**その他**</td><td>〜さん（名前の呼び方）</td></tr>
<tr><td></td><td>**表現**</td><td>初対面の挨拶表現
人を紹介するための表現</td></tr>
</table>

指導例

１．自己紹介、文型「（〔名詞₁〕は）〔名詞₂〕です」

> 導入と練習
> 教　師：川田です。
> 学習者：ビジーです。

　はじめての授業は、教師と学習者の出会いの場である。英語で挨拶したりせず日本語で自己紹介を始めれば、学習者をすぐ日本語の世界に巻き込むことができる。教師として「〔名詞₁〕は〔名詞₂〕です」という文型を教えようと思っていると、「私は川田です」という文で自

己紹介をしてしまいがちである。しかし、日本人はふつう目の前にいる相手に向かって、「私は川田です」とは言わない。「私は」の部分は、どうしても言わなければならない場合以外は省略される。まず、教師が「川田です」と言いながらおじぎをし、自己紹介をする。学習者が「川田」が教師の名だとわからずにとまどっていたら、ローマ字の名刺を示して気づかせる。学習者が「『です』は何か」と質問しても、ここでは何も説明しない。次に教師は、「私が『川田です』と名乗ったのだから、今度はあなたが名乗る番だ」と身ぶりで理解させ、「ビジーです」と言わせる。教師の「川田です」に対して、学習者が「ビジーです」と自然に応じられるようになるまで、繰り返し練習する。

　「〔名詞₁〕は〔名詞₂〕です」の形は、指導例8で、「～は」と言う必要が生じたときに導入した方がよいが、ここで文型の全体像を理解させる場合は、以下のようなカードを用意すると、口頭練習のリズムをくずさずに理解させることができる。「～は」の部分は状況からわかる場合は省略されることを簡単に解説し（この解説は媒介語でもよい）、省略形の口頭練習にもどる。文の骨組みは理解させ、口は自然な日本語に慣れさせるようにする。

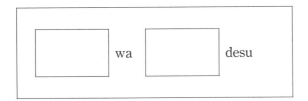

2．初対面の挨拶

導入と練習
教　師：はじめまして。川田です。どうぞ、よろしく。
学習者：はじめまして。ビジーです。どうぞ、よろしく。

　「ビジーです」がうまく言えるようになったら、初対面の挨拶の練習をする。これは表現として学習する項目なので、意味は媒介語で理解させ、そのまま言わせる。「はじめまして」「どうぞ、よろしく」は、すぐに正しくリピートすることができない場合が多い。「はじめまして」「どうぞ、よろしく」の部分だけ、教師がモデル⁵⁾を聞かせてからリピート⁶⁾させる。うまくリピートできないと、学習者はローマ字で発音を確認したがる。教師にとってもローマ字を読ませて練習させた方が楽である。しかし、正しい発音やリズムに近づけるために、また、この場で表現を完全にマスターさせるためには、ローマ字に頼らない方がよい。ローマ字を見せずに、以下の手順で練習するとよい。

　①「よろしく」
　②「どうぞ」
　③「どうぞ、よろしく」

④「はじめまして」

⑤「はじめまして。ビジーです」

⑥「はじめまして。ビジーです。どうぞ、よろしく」

　「よろしく」が「ヨロオシク」になってしまうときは、「よ、ろ、し、く」と個々の発音を直していくのではなく、「よろ」と「しく」に分けて、それぞれを等分の長さで発音させる練習をする。英語話者の場合は、英語の強弱リズムから、日本語の等間隔に拍をきざむリズムに学習者の口を慣れさせることが大切である。個々の音の発音や高低アクセントはリズムに慣れてから直すようにする。リズムが正しければ、これらは自然に直る場合もある。逆に、リズムが正しくなければ、正しい音やアクセントも再び歪められてしまう。

注　　5)　モデル：導入する語句や文を教師が言って聞かせること。モデルは、学習者がわかりやすいようにと不自然にゆっくりと言うのではなく、自然な日本語の速さで言うようにする。
　　　6)　リピート：学習者が教師のモデルをそのまままねて言う作業である。学習者にとって、自然な速さのモデルを正確にリピートすることはなかなか難しいが、極端にゆっくり言ったり、文字で書いたりしないようにする。速度はあまり落とさず（多少は落としてもよい）、上記のように日本語のリズムをこわさないように区切って練習するとよい。リピートができるようになってから、文字による確認（そのときの文字の学習進度によってローマ字または平仮名）をする。

3．助詞「の（所属）」

> 導入と練習
> 教　師：アジャルトの川田です。
> 学習者：○×証券のビジーです。

　「アジャルト」が教師の所属先であることを名刺で示して、「アジャルトの川田です」の意味を理解させる。意味を理解すれば、学習者は自分についても「○×証券のビジーです」と言うことができる。言えないときは、「○×証券のビジーです」と、学習者が言うことを教えてしまわずに、「アジャルトの川田です」とモデルを何度も繰り返し聞かせる。学習者が自分でそれを分析し、自分にあてはめて文を作るまで待った方がよい。

　学習者が主婦などで特に所属先がない場合もある。その場合は、その学習者がどこで自己紹介をする可能性があるか聞き、その場にふさわしい言い方を紹介する。所属先を言う必要がない場合もあるし、「アメリカのスミスです」とか「402（アパートの部屋番号）のスミスです」と言う場合もある。練習のために、架空の所属先を想定してもよい。

> 教　師：はじめまして。アジャルトの川田です。どうぞ、よろしく。
> 学習者：はじめまして。○×証券のビジーです。どうぞ、よろしく。

　これで、自己紹介の会話が完成する。ここで、学習者がほぼ自然な速さで言えるように
なるまで練習する。はじめての授業を終えた後で、出会った日本人に自信をもって自己紹
介と初対面の挨拶ができれば、学習者もおおいに自信をもち、学習意欲も増す。

タスク学習
パーティー、仕事の訪問で初対面の人に自己紹介する。

4．ほかの人を紹介する

導入と練習
モデルを聞かせる（以下　モデル）
教　師：ＡＢＣのスミスさんです。
　　　　東京電機の田中さんです。
↓
リピートさせる（以下　リピート）
教　師：ＡＢＣのスミスさんです。
学習者：（リピート）
教　師：東京電機の田中さんです。
学習者：（リピート）
↓
叙述[7)]させる（以下　叙述）
学習者：ＡＢＣのスミスさんです。
　　　　東京電機の田中さんです。

　人物カードを１枚ずつ取り上げて、モデルを聞かせ、リピートさせる。リピートができ
るようになったら、学習者に人物カードを選ばせて叙述させる。

注　　7)　叙述：叙述は、学習者に絵や場面などを与え、それに応じて学習者が自分で叙述的な文(疑
　　　　　問文ではない)を作って言う作業である。リピートは聞く力や記憶力だけでもできてしま
　　　　　うことが多いが、叙述は構文を理解していないとできない作業である。叙述練習を効果的
　　　　　に行うためには、絵教材を豊富に用意して、ことばではなく絵で指示を与えて練習できる
　　　　　ように準備することが大切である。

　このとき、学習者は「さん」について疑問をもつので、「さん」の使い方を教える。教師
が「アジャルトの川田です」と言って自己紹介し、次に人物カードを指して、「東京電機の
田中さんです」とほかの人の紹介をする。そして、ほかの人物カードも用いて、学習者が
違いを理解するまで繰り返し聞かせる。学習者にも同じことをさせて使い方がわかったか

どうか確認する。家族の紹介をする場合やビジネスの場で社内の人を社外の人に紹介する場合は「さん」をつけないことも、ここで教えておくとよい。

タスク学習

1．教師にクラスメートを紹介する。

2．教師に同僚、家族、友人を紹介する。

5．語句の導入

　新しい文型の練習は、学習者がすでによく知っている語だけでするのが理想的である。しかし、はじめの段階では、文型練習を十分にできるだけの語を学習者がまだ知らない場合が多いので、必ず先に新しい語を導入、練習しておく。

語の導入

モデルを聞かせてリピートさせる（以下　モデル→リピート）

教　師：アメリカ

学習者：（リピート）

教　師：ドイツ

学習者：（リピート）

↓

モデルを聞かせずに言わせる

学習者：アメリカ、ドイツ

↓

モデル→リピート

教　師：アメリカ人

学習者：（リピート）

↓

モデルを聞かせずに言わせる

学習者：アメリカ人、ドイツ人

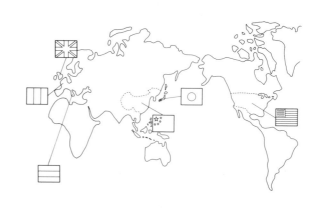

　国名は世界地図でその国を指しながら導入する。この課で紹介されない国名でも学習者に関係のある国名は紹介して練習する。「〜人」は、はじめに「アメリカ人」を紹介した後は、学習者に類推させて「ドイツ人」「中国人」と言わせていく方がよい。語や文型を導入するとき、いつも言えることだが、学習者が学習したことを応用して自分で正しい語や表現を見つけられるときには、教師が先に言わない方がよい。

　「〜人」を導入するときに、同じ国の人が複数写っている写真などを用いると、日本語で

は基本的には単数と複数の違いがないことも紹介できる。

　国名と「〜人」を導入したら、同じように職業の名前も絵カードを使って導入する。秘書、弁護士、学生など、教科書にあるもののほか、学習者に必要なものも導入する。

6．文型「（〔名詞₁〕は）〔名詞₂〕ですか」

　　　　「はい、〔名詞₂〕です」「いいえ、〔名詞₂〕ではありません」

導入と練習

モデルQ＆A[8]

教　師：アメリカ人ですか。

教　師：はい、アメリカ人です。

↓

Q＆Aをする（以下　Q＆A）

教　師：日本人ですか。

学習者：はい、日本人です。

↓

モデル

教　師：アメリカ人ですか。

教　師：いいえ、アメリカ人ではありません。

↓

Q＆A

教　師：ドイツ人ですか。

学習者：いいえ、ドイツ人ではありません。

学習者：アメリカ人ですか。

教　師：はい、アメリカ人です。

　疑問文と否定文は、指導例8の「〔名詞₁〕は〔名詞₂〕です」の導入と練習をしてから、「〜は」をつけて導入してもよいが、このように、述部だけで先に導入、練習してもよい。Q＆Aができると、新しい語を覚えさせる練習に取り入れることができる。

　その場合は、ほかの人を紹介する練習をしたときに使った人物カードは用いず、単に、「〜人」「職業名」だけがわかる絵カードで練習した方がよい。人物カードには、その人物の名前が書いてあるので、複数の人物カードから1枚を取り上げて「〜人です」と言うためには、「〜さんは」をつけた方が自然になってしまうからである。

　はじめに教師が二役して、モデルQ＆Aを聞かせてから、Q＆Aの練習をする。

　注　　8）　Q＆A：教師と学習者が問答をする作業である。「はい／いいえ」で答える疑問文と疑問詞

を用いる疑問文の2種類がある。「はい／いいえ」で答える疑問文のQ＆Aの場合は、答える側は、質問の一部分を繰り返せばよいので、まだ、学習項目がよく定着していなくても答えることができる。一方、質問する側は、定着していないと質問文を組み立てることができない。そこでQ＆Aの手順は次のようにするとよい。

　　①教師が質問して教師が答える。（モデルQ＆A）
　　②教師が質問して学習者が答える。
　　③学習者が質問して教師が答える。
　　④学習者が質問して学習者が答える。（グループの場合）

学習項目の定着を計ろうとする場合、③以下の練習が非常に大切である。復習をするときは③から始めると学習者の定着の度合いをよく知ることができる。

7．文型「（〔名詞₁〕は）〔名詞₂〕ですか、〔名詞₃〕ですか」

> 導入と練習
>
> モデルQ＆A
>
> 教　師：日本人ですか、中国人ですか。
>
> 教　師：中国人です。
>
> ↓
>
> Q＆A

　この疑問文は、指導例6で練習した疑問文の簡単な応用例のように見えるが、6の疑問文とは疑問文の作り方も答え方も異なっている。よく練習しないと学習者は使えるようにならない。第29課で、「～がいいですか、～がいいですか」の形でも学習するが、使えると便利なので第2課以降の練習にも組み入れるようにする。この疑問文でのQ＆Aも新しい語を覚えさせる練習に便利である。

8．文型「〔名詞₁〕は〔名詞₂〕です（省略しない形）」

> 導入と練習
>
> モデル
>
> 教　師：私は日本人です。
>
> 　　　　リンさんは中国人です。
>
> ↓
>
> リピート
>
> 教　師：リンさんは中国人です。
>
> 学習者：（リピート）
>
> ↓
>
> 叙述

Tokyo University
Lin Shu Rei

German Bank
Keiko Suzuki

French Embassy
Buruno Dupon

学習者：川田さんは日本人です。

私はアメリカ人です。

↓

Q＆A

人物カードを数枚並べ、一枚ずつ取り上げて「〜さんは〜です」と説明していく。ここではじめて、省略せずに「〜は〜です」と言う必要性が生じたのである。教師のモデルを聞かせて、「〜は」の意味を学習者によく理解させ、リピート、叙述、Q＆Aの手順で練習する。

ここで、同じ国の人のカードを2枚用意すると「〜も」と言うべき状況になってしまうので2枚入れないように注意する。カードの人物と教師の国籍が重なる場合やクラスに複数の学習者がいる場合も、同じ国籍が続かないように発言の順番に注意する。

この練習で、学習者は教師について「あなたは日本人です」と言いたくなるので、ここで「あなた」を紹介する。しかし、「あなた」は目下の人や親しい間柄の人以外に使うと失礼になるので、名前を使った方がよいこともよく理解させる。

9．疑問詞「どなた」

導入と練習

導入会話[9]を聞かせる（以下　導入会話）

教　師：田中さんですか。

学習者：いいえ、田中さんではありません。

教　師：リンさんですか。

学習者：いいえ、リンさんではありません。

教　師：どなたですか。

学習者：スミスさんです。

↓

役割変換[10]をする（以下　役割変換）

指導例8までは、絵カードか場面で意味を導入してきたが、それは、絵や場面の状況と文型の意味がそのまま結びついたからである。しかし、ここでは、人物カードを指していきなり「どなたですか」と聞いても、学習者はその人物の国籍を問われたのか、職業を問われたのかわからずに混乱する。このような場合、上記のような会話の流れで導入すればその心配はない。意味がわかったら役割変換をする。

注　　9）　導入会話：学習済みの文型による会話の流れで新しい文型や語を導入する作業。

10)　役割変換：Q＆Aや会話練習で、教師と学習者が役割を取り替えて練習する作業。Q＆A
と同じように、はじめに教師が新出項目を含んだ役割をして導入、練習し、次に学習者と
役割を交替する。

タスク練習

学習者の身近な人を紹介する。

　事務所での授業では、姿の見える秘書や同僚について教師が「どなたですか」と質
問し答えさせる。家での授業では、家族の写真などを指して質問する。だれもいな
いときは、「だれかがいると想定してください」と言って質問する。

---

10. ここまでの文型の復習

　第1課での学習項目はすべて導入、練習したので、さらに自在に使えるようにするため
の復習をする。

　復習は、Q＆A（注8）の③からの作業と叙述練習が有効である。叙述練習では、人物カ
ードを一枚渡し、その人物の名前、国籍、仕事などを学習者に叙述させる。人物カードに
ついてできるようになったら、学習者の身の回りの人物について話させてもよい。

11. 二者を引き合わせて紹介する

会話練習をする（以下　会話練習）

教　師：ご紹介します。

　　　　こちらは田中さんです。

　　　　こちらはビジーさんです。

学習者：はじめまして。ビジーです。

　　　　どうぞ、よろしく。

教　師：はじめまして。田中です。

　　　　どうぞ、よろしく。

　↓

役割変換

　複数の学習者がいる場合は、教師が二人の学習者を引き合わせて導入し、役割練習をさ
せる。学習者が一人の場合は、教師が絵カードの人物と二役をする。

　単純な紹介ができるようになったら、「こちらは東京電機の田中さんです」と少し複雑に
して練習する。いろいろな人物のカードを使ったり、学習者の家族や知人がその場にいる
と想定して、紹介する練習をたくさんするとよい。

タスク練習

1．日本語の教師と家族、同僚、秘書等を引き合わせて紹介する。

2．パーティーで友人同士を引き合わせて紹介する。

3．仕事でお客さんと上司を引き合わせて紹介する。

第2課　名刺交換

学習目標　**場面**　名刺を交換する。

名刺を交換しながら、住所や電話番号を確認し合う。

電話番号や住所を聞いたり、教えたりする。

学習項目　**文型**　これは〜です

これは？（省略した疑問文）

助詞　の（所有）

〔名詞〕のです

疑問詞　何

何番

だれ

その他　数　0〜20

電話番号の言い方

指導例

1．文型「これは〜です」

導入と練習

モデル

教　師：これは本です。

教　師：これは時計です。

↓

リピート

教　師：これは本です。

学習者：（リピート）

↓

```
叙述
学習者：これは本です。
   ↓
Q&A
```

　まず、「本」「時計」「鍵」「新聞」をできるだけ実物で用意する。「これは～です」のように話し手と聞き手の位置関係が大切な文型を導入するときは、実際に手を動かして導入した方がよい。絵カードを使う場合も、「本」だけを描いた絵を「本」のつもりで使うのならよいが、「人が本を指している絵」を使って導入するのは効果的とは言えない。

　この課では「それ」と「あれ」を学習しない。教師と学習者は「これは～です」にふさわしい位置、すなわち、両者が近づいて手もとにあるものを指せる位置で導入と練習をしなければいけない。

　教師と学習者が手もとにあるものを指しながら、モデルを与えて導入し、リピート、叙述、Q&Aの手順で練習する。

2．疑問詞「何（これは何ですか）」

```
導入と練習
導入会話
教　師：これは何ですか。
学習者：時計です。
   ↓
役割変換
```

　何かよくわからない物を指して「これは何ですか」と質問すれば、「何ですか」の意味はすぐ理解させることができる。すぐに時計とわからない置き物風の時計などがよい。実物でなくても写真でもよい。

　英語話者の場合、英語の疑問詞がいつも一番はじめに来るので、「これは何ですか」と質問しても、なかなか質問の意味がわからないこともある。その場合は、教師が何かわからなくて困っているという表情をして見せて、学習者に意味を考えさせるようにする。教師が「これは」と何かを取り上げて、不思議そうに「何ですか」と聞くと、学習者は母語との文型の違いに惑わされず、日本語の思考にのって文型の意味を理解しやすくなる。媒介語を使って教える場合でも、このような文型を導入するとき、安易に媒介語を使うと、かえって効率が悪くなる恐れがある。省略形「何ですか」の練習は、「これは何ですか」が定着するまで待った方がよい。

3．助詞「の（所有）」

導入と練習

モデル→リピート

教　師：私の本

　　　　ビジーさんの本

学習者：川田さんの本

　　　　私の本

↓

モデル

教　師：これは私の本です。

　　　　これはビジーさんの本です。

↓

学習者の立場で言いかえる練習

教　師：これはビジーさんの本です。

学習者：これは私の本です。

教　師：これは私の本です。

学習者：これは川田さんの本です。

↓

叙述

学習者：これは私の時計です。

　　　　これは川田さんの本です。

↓

Q＆A

　英語話者の場合、英語の of に置き換えて考えるため、「本の川田さん」という誤りが多い。文単位で練習する前に、名詞句のレベルで「川田さんの本」「私の本」とよく練習してから文単位の練習に入るとよい。

4．疑問詞「だれ（これはだれの本ですか）」

導入と練習

導入会話

教　師：これはだれの本ですか。

学習者：私の本です。

```
          ↓
役割変換
          ↓
導入会話
教　師：これはだれのですか。
学習者：私のです。
          ↓
役割変換
```

　すでに学習している「どなた」を使って、「これはどなたの本ですか」で練習してから「だれ」を導入すると理解させやすい（「だれ」は「どなた」とともに、第1課のNotes《教 p. 21》に説明されている）。「これはだれの本ですか」のように疑問詞が途中にある文は、学習者にとってなじみにくい構造なので、主題を省略した「だれの本ですか」「だれのですか」の練習は、「これはだれの本ですか」が定着するまで待った方がよい。

5．名刺の説明

```
モデル
教　師：私の名刺です。どうぞ。
　　　　これは私の名前です。
　　　　これは会社の名前です。
　　　　これはうちの住所です。
　　　　これは会社の住所です。
          ↓
学習者の立場で言う練習
学習者：私の名刺です。どうぞ。
　　　　（同じように説明する）
          ↓
Q & A
教　師：これは会社の名前ですか。
学習者：はい、会社の名前です。
教　師：これは会社の住所ですか。
学習者：いいえ、会社の住所ではありません。
　　　　うちの住所です。
```

　4までの文型が定着していないとこの練習は難しい。うまくいかないときは1〜3をもう一度復習する。

6．数字の導入　　0〜20

　数字は、発音、イントネーションに注意して練習する。4、7、9については、まず電話番号を読むときによく使われる「よん」「なな」「きゅう」で練習しておく。「し」「しち」「く」については第3課で時刻、月日を導入する前に紹介して練習するとよい。

7．電話番号

導入と練習

モデル→リピート

教　師：これは電話番号です。
　　　　　3400の9031です。

学習者：（リピート）

↓

導入会話

教　師：何番ですか。

学習者：3400の9031です。

↓

いろいろな電話番号を言う練習

　「何番ですか」は電話番号を見せながら聞けばたいてい答えられる。ここでは、数字の復習を兼ねていろいろな番号を学習者に読ませる練習に重点を置く。

モデル→リピート

教　師：これはAJALTの電話番号です。
　　　　　3400の9031です。

学習者：（リピート）

↓

Q＆A

教　師：AJALTの電話番号は何番ですか。

学習者：3400の9031です。

↓

モデル→リピート

教　師：これはスミスさんの会社の電話番号です。

学習者：（リピート）

↓

叙述

学習者：これはスミスさんの会社の電話番号です。

これはスミスさんの家の電話番号です。

↓

Q&A

教　師：田中さんの会社の電話番号は何番ですか。

学習者：××××の××××です。

　人物カードを利用して、いろいろな人の電話番号や住所を言ったり、質問したりする練習をする。「〜の〜の」と「の」が重なる用法は難しいのでよく練習する。

タスク練習

1．電話番号を書き取る。

英語版の電話帳を用意する。なければ、実在する会社、ホテル、レストランなどの名前（英語やローマ字でよい）と電話番号のリストを用意する。リストは教師だけが見る。

学習者に、「〜の電話番号は何番ですか」と質問させ、教師が電話番号を告げ、学習者に書き取らせる。数字は言うよりもむしろ聞き取る方が難しいので、よく練習する。

2．名刺を交換して、住所や電話番号を確認し合う。

3．秘書にお客さんの会社やうちの住所と電話番号を質問する。

第3課　日付と時刻

学習目的	**場面**	時間、曜日、月日を尋ねたり、教えたりする。
		スケジュールについて簡単な会話をする。

学習項目	**文型**	〔名詞₁〕は〔名詞₂〕でした
		〔名詞₁〕は〔名詞₂〕ではありませんでした
	助詞	〔時刻〕から〔時刻〕まで
	疑問詞	何時・何月・何日・何曜日・いつ
	その他	数　21〜100
		時刻の言い方
		曜日の言い方
		月日の言い方
	表現	お礼とその返答
		すみません（質問を切り出す）

指導例

1．数字の導入　21〜100

　時刻や月日を言うためには21以上の数字が必要なので、先によく練習しておく。数字は、「じゅう」「さんじゅう」などの長音、撥音の拍を正しく言えるように練習する。言うだけではなく、数字を聞いて書き取る練習も忘れずにする。

2．時間の言い方

> 導入と練習
>
> モデル→リピート
>
> 教　師：1時です。2時です…
>
> 学習者：（リピート）

↓

叙述

学習者：1時です。2時です…

↓

導入会話

教　師：何時ですか。

学習者：2時です。

　導入の段階で「4時」「7時」「9時」は「よじ」「しちじ」「くじ」と言うことを定着させる。言えるようになったら、「半」「午前」「午後」を導入して練習する。次に、5分、10分、15分など、5分単位で「分」も練習する。

　「分」は、「ふん」「ぶん」「ぷん」の音声変化があり、学習者の負担になる。この課では、あまり使うことのない「2分」「3分」などよりも、よく使う「5分」「10分」をよく練習し、「5ぷん」のような誤りがでないようにする。

3．時間を尋ねる

導入と練習

モデル会話

教　師：すみません。今、何時ですか。

教　師：午後1時半です。

教　師：どうもありがとう。

教　師：どういたしまして。

↓

会話練習

↓

役割変換

　まず、モデルの会話を聞かせる。本文会話でもよい。テープを聞かせるか、教師が二役して聞かせる。教師が二役するときは、どちらのセリフを言っているのかはっきりわかるように、顔の向きを変えたり、右と左の指を二人にたとえて動かしたりして工夫する。

　会話練習は、Q＆Aに準じて行う。はじめに学習者がやさしい役（文型や語をよく覚えていなくても言える役）になって練習し、次に役割変換する。

4．助詞「〔時刻〕から〔時刻〕まで」

導入と練習

モデル→リピート

教　師：9時から10時まで

　　　　8時半から10時半まで

学習者：（リピート）

教　師：銀行は9時からです。

　　　　デパートは10時からです。

学習者：（リピート）

↓

叙述

Q&A

教　師：銀行は何時からですか。

学習者：9時からです。

教　師：何時までですか

学習者：3時までです。

教　師：銀行は9時から3時までです。

学習者：（リピート）

↓

叙述

↓

Q&A

　第2課の「私の本」と同じように、「〜から〜まで」だけでよく練習する。

　文の中では、「〜から〜まで」が別々に使われる場合が多い。また、いっしょに練習すると文が長くなり、学習者の負担になるので、別々に使った文から練習する。その後でいっしょに使う文も練習する。「会議」「パーティー」「日本語のレッスン」などの語句も導入し練習に使う。

タスク練習

1．職場の勤務時間、休み時間が何時から何時までか説明する。

2．秘書に会議、パーティーなどが何時から何時までか質問する。

3．1日のスケジュールを説明する。

4．日本のデパート、銀行の営業時間を質問する。

5．母国のデパート、銀行の営業時間を説明する。

5．曜日と月日の導入

　カレンダーを見ながら導入し、「何曜日ですか」「何月ですか」「何日ですか」のQ＆Aで練習する

曜日、月日の導入と発音練習

　曜日や月日を覚えるのはかなり負担である。特に、日付は1日〜10日、20日などの発音が特別なので、なかなか定着しにくい。このような話彙は、発音練習に利用して集中的に覚えさせると効果的である。

曜日の指導

1．「〜ようび」の「よう」の部分の長音の発音練習をする。

2．中高の高低アクセントを練習する。

3．1、2が自然な発音になるまでに練習したら、「何曜日ですか」「〜曜日です」の会話を発音、イントネーションに注意して練習する。この過程で、曜日はほとんど定着するはずである。

月日の指導

月日で問題になるのは日付である。日付は以下のように練習すると早く定着する。

1．カレンダーを見ながら、「11日」から「31日」まで学習者に言わせる。「14日」「20日」「24日」は何も言わずにとばす。

2．「14日」「24日」を導入、練習する。

3．「4日」を指して、発音を類推させる。

4．「8日」を導入し、「4日」「8日」で促音、長音の発音練習、聞き取り練習をする。

5．「10日」を導入し、「10日」「8日」で長音の発音練習をする。

6．「3日」を導入し、「4日」「3日」で促音の発音練習をする。

7．「6日」を導入し、「6日」「3日」の発音練習、聞き取り練習をする。

8．「7日」「9日」を導入し、発音練習、聞き取り練習をする。

9．「2日」「5日」「20日」を導入し、発音練習、聞き取り練習をする。

10．「1日」を導入し、発音練習をする。

> 　以上、１～10の作業を一段階進むごとにそこまでの復習を繰り返しながら進めていくと、10の段階に達したときには結果的に日付がすべて定着する。

モデル→リピート

SUN	MON	TUE	WED	THU	FRI	SAT
	1	2	3	4 Shucchō (Ōsaka)	5	6 7〜9 Pāti
7	8	9	10 Tanjōbi (Tanaka)	11	12	13
14	15	16	17	18	19	20
21 22 Natsuyasumi	23	24	25	26	27	
28	29	30	31			

教　師：田中さんの誕生日は７月10日です。

学習者：（リピート）

教　師：パーティーは土曜日です。

　　　　パーティは７時から９時までです。

学習者：（リピート）

教　師：田中さんの夏休みは７月20日から７月26日までです。

学習者：（リピート）

　↓

叙述

　↓

Q＆A

　「田中さんのスケジュール表」[11) を見ながら練習する。田中さんのスケジュールでよく言えるようになったら、教師と学習者とお互いのスケジュールについて質問しあう。

　注　　11)　日常の行動を叙述する練習をするとき、ある人物のスケジュール表を使うと便利である。
　　　　　　　学習が進むといろいろな文型や語を使ってより高度な叙述が可能になるので、それに合わ
　　　　　　　せていろいろなスケジュール表を用意しておくとよい。

6．文型「〔名詞₁〕は〔名詞₂〕でした／ではありませんでした」

導入と練習

モデル→リピート

教　師：きょう、あした、きのう

学習者：（リピート）

教　師：きょうは仕事です。

学習者：（リピート）

教　師：あしたは休みです。

学習者：（リピート）

教　師：きょうは仕事です。

学習者：（リピート）

教　師：きのうは休みでした。

学習者：（リピート）

教　師：きょうは休みです。

学習者：（リピート）

教　師：きのうは休みではありませんでした。

学習者：（リピート）

↓

叙述

↓

Q & A

　授業の日をはさんだ3日分のスケジュール表に、「休み」「仕事」と書き込んだものを2、3種類用意して、それを見ながら導入する。未来に関しては「です／ではありません」を使うことも理解させる。

タスク練習

秘書になってスケジュールについて質問しながらスケジュール表を作成する。

　　1日のスケジュール表

　　1週間のスケジュール表

　　1か月のスケジュール表

　語彙を導入して、スケジュールについていろいろ質問する会話を練習する。始める前に、曜日や月日を自由に尋ねる「いつ」を導入しておく。

第4課　買物 I

学習目標	**場面**	簡単な買物をする。

学習項目	**文型**	それ／あれは〔名詞〕です
		〔名詞$_1$〕は〔名詞$_2$〕です
	助詞	を
		も
	疑問詞	いくら
	その他	101〜1,000,000,000,000
		値段の言い方と尋ね方
	表現	買物の表現

指導例

1．文型「それ／あれは〔名詞〕です」

> 導入と練習
>
> モデル→リピート
>
> 教　師：これは本です。
> 　　　　あれは時計です。
> 学習者：（リピート）
> 　↓
>
> 叙述
>
> モデル→リピート
>
> 教　師：これは本です。
> 　　　　それは時計です。
> 学習者：（リピート）
> 　↓

叙述
↓
Q & A

　「それ」「あれ」も「これ」と同じように教師と学習者の位置に気をつけて導入する。まず、教師が学習者の近くに立って、両者の手もとにある本を指して「これは本です」と言う。続いて、同じ位置から、両者から離れたところにある時計を指して「あれは時計です」と言う。「それ」の場合は、教師と学習者が離れて立ち、まず、教師が自分の手もとの本を指して「これは本です」と言う。続いて、学習者の手もとにある時計を指して「それは時計です」と言う。学習者に叙述させるときは、教師が動かずに学習者をふさわしい位置に移動させる。

タスク練習
（部屋のいろいろなところに本や時計を入れた紙袋を置いておく）
　袋の中身とその所有者を尋ねる。
（例）学習者：それは何ですか。
　　　教　師：本です。
　　　学習者：だれのですか。
　　　教　師：私のです。

２．助詞「も」

導入と練習
モデル→リピート
教　師：これは本です。これも本です。
　　　　　それは本です。
学習者：（リピート）
↓
叙述
↓
Q & A
教　師：これは本です。それも本ですか。
学習者：はい、それも本です。
教　師：あれも本ですか。
学習者：いいえ、あれは本ではありません。

　英語の also, too などの働きを助詞が行うというのは、英語話者にはなかなか理解しにくい。「も」の意味と文の中での位置を単純な文でよく練習する必要がある。さらに、これまでに学習したことを使って話題を広げて練習する。

　会話練習例
　教　　師：スミスさんはアメリカ人です。ブラウンさんもアメリカ人ですか。
　学習者：はい、ブラウンさんもアメリカ人です。

　教　　師：それはだれの本ですか。
　学習者：私の本です。
　教　　師：それもビジーさんの本ですか。
　学習者：いいえ、これは私のではありません。
　　　　　　スミスさんのです。

　教　　師：日本の銀行は9時からです。
　　　　　　アメリカの銀行も9時からですか。
　学習者：はい、アメリカの銀行も9時からです。

3．数字の導入　101～1,000,000,000,000

　大きい数字の読み方は、100までと同様に、発音や拍に気をつけて練習する。1000以上の単位は英語と異なるので「1万」を「ジュウセン」と言うような誤りがよくあるので注意する。練習の重点は学習者の仕事によって工夫する。仕事をしている人ならかなり大きな数字に慣れる必要があるし、また、小数点や分数の言い方もここで紹介しておく。そうでない人は日常の買い物で金額を言うのに必要な範囲で練習すればよい。

4．値段の言い方

　導入と練習
　値段を言う練習
　教　　師：いくらですか。
　学習者：200円です。
　　　↓
　会話練習
　教　　師：これはいくらですか。
　学習者：1500円です。
　　　↓
　役割変換

まず、「いくらですか」の意味を理解させて、いろいろな値段を読む練習をさせる。

値段がうまく言えるようになったら、「これ」「それ」「あれ」と組み合わせて値段を聞く会話を練習する。「それも1000円ですか」のように「も」も組み入れて練習するとよい。

5．買い物の表現

導入と練習

導入会話

学習者：それを見せてください。

教　師：はい、どうぞ。

学習者：これはいくらですか。

教　師：それは1500円です。

学習者：じゃ、これをください。

教　師：ありがとうございます。

↓

会話練習

新しい表現を含む会話を練習するには二つの方法がある。

一つは、先に「～を見せてください」「～をください」の新しい表現を取り出して導入、練習し、そのうえで会話の役割練習に入る方法である。「見せてください」は、ここでは、一つの表現として教えるようにし、動詞の「て形」については第19課まで触れない。「を」については目的語を導くという基本的な機能を理解させる。

もう一つは、会話全体をテープで聞かせながら内容を絵カードで理解させて導入（ビデオがあれば理想的である）してから、役割練習に入る方法である。

実際の会話に慣れるためには、知らない表現が含まれていても、場面と知っていることばから内容を類推する訓練が必要である。したがって、できるだけ後者の方法を使った方がよい。これは本文の会話やショートダイアログでも言えることである。テープがない場合は教師が二役して聞かせてもよい。

会話は学習者を客として何回も練習する。慣れてきたら、「いらっしゃいませ」を導入し、いろいろな品物を見たり、値段を尋ねたりさせて複雑な会話にして練習していく。ここでは、学習者が客の役割ができれば十分である。

タスク練習

1．デパートでショーケースまたはショーウインドーの中の品物の値段を聞く。

2．いろいろな会社の株の値段、円の相場を聞く。

第5課　買物Ⅱ

学習目標　**場面**　買物をするとき、買いたい物について簡単な指定や説明を加える。
　　　　　　　　　いろいろな物を数える。

学習項目　**文型**　この・その・あの・どの〔名詞〕
　　　　　　　　　〔名詞〕を〔数量〕ください
　　　　　助詞　の（生産地・メーカー）
　　　　　疑問詞　どの・どれ
　　　　　　　　　いくつ
　　　　　形容詞　どこ（連体修飾でのみ使用）
　　　　　接続詞　それから
　　　　　その他　～本、～枚
　　　　　　　　　一つ～十

指導例

1．文型「この・その・あの」

導入と練習

モデル→リピート

教　師：この本は1200円です。
　　　　その本は800円です。
　　　　あの本は600円です。

学習者：（リピート）
↓
叙述
↓
Q＆A

　まず、「この・その・あの」を導入、練習した後、「これは～」と「この～は」を混ぜて
Q＆Aをし、「これ本」「このは」のような誤りをしないようによく練習する。「その」をつ
けて区別する必要が感じられるように同じ物で値段、持ち主などが違う物を使うとよい。

２．連体修飾

導入と練習

モデル→リピート

教　師：赤い本。青い本。黒い本…。

学習者：（リピート）

　　↓

叙述

　机の上に「赤、青、黒、白、大、小、」の本（またはほかのもの）を並べて、一つずつ取
り上げて練習すると効果的である。
　この教科書で文型として形容詞を学習するのは第13課なので、ここでは口慣らし程度に
名詞に続く形だけ練習をすればよい。

導入と練習

モデル→リピート

教　師：日本の新聞。アメリカの新聞。
　　　　120円の切手。

学習者：（リピート）

　　↓

叙述

　机の上にいろいろな国の新聞、雑誌、本、値段の違う切手、有名なメーカーの商品など
この課までに学習した語彙を組み合わせて、「修飾語のついた名詞」として言えるものを実
物や絵や写真で用意する。
　ここでは、名詞が名詞を修飾するときは「の」を使うことをよく理解させ、それに慣れ
てきたら形容詞と混ぜて「の」の必要、不必要を混同しないように練習する。

３．疑問詞「いくらの／どこの」

導入と練習

導入会話

教　師：これはいくらの切手ですか。

学習者：80円の切手です。

教　師：これはどこの雑誌ですか。

学習者：アメリカの雑誌です。

　　↓

役割変換

　「いくらの切手ですか」「80円の切手です」というＱ＆Ａから練習を始めた方がやさしいが、英語話者に疑問詞がいつも文頭に来るのではないことを理解させるためには、「これはいくらの切手ですか」で導入した方がよい。

　「どこの」は新しい疑問詞であるうえ、ここでは意味が広いのでなかなか理解しにくい。原産地、生産地、メーカー等、例をたくさんあげて、学習者が意味をつかんで適切な答えができるようになるまで何度も繰り返し質問する。

４．文型「どれですか／どの〔名詞〕ですか」

導入と練習

導入会話

学習者：本をください。

教　師：どれですか。

学習者：それです。

教　師：この本ですか。

学習者：はい、その本です。

学習者：本をください。

教　師：どの本ですか。

学習者：その本です。

教　師：この赤い本ですか。

学習者：はい、その赤い本です。

学習者：本をください。

教　師：どれですか。

学習者：その赤い本です。

　　↓

役割変換

　机の上にいろいろな本を並べて、学習者に「本をください」と言うように指示し、会話を始める。教師が「どれですか」と聞いたとき、学習者が学習したことを思いだして、「赤い本…」などと言う可能性もあるが、教師は指差して、「この本ですか」と確認して「はい、その本です」と言わせる。これは、形容詞を使う前に「どれ・どの」「これ・この」などとの対応の仕方に慣れさせるためである。

　上記の会話ができるようになったら、教師が確認するとき「この赤い本ですね」と言い、学習者に「その赤い本です」と言わせる。この段階を踏んで、最終的に「どれですか」に対して「その赤い本です」と指定できるようにする。

　学習者によっては、「どれですか」「その赤い本です」は、「〜は〜です」のどの部分が省略されているのかわからなくなってしまう場合もある。その場合は、買い物の場面では省略されている部分が「私が買いたい〜」のように簡単に学習者に示せないので、「ビジーさんの本はどれですか」「(私の本は) その赤い本です」のようなやりとりで、省略されている部分が何かはっきり理解させるとよい。

5．助数詞「一つ〜十・〜本・〜枚」

　「一つ〜十」は「1日〜10日」と思い出させて練習すると覚えやすい。電池、えんぴつ、紙など、それぞれを使って数えるのに最もふさわしい物を実際に数えながら練習する。

6．文型「〔名詞〕を〔数詞〕ください」

> 導入と練習
>
> 導入会話
>
> 教　師：電池を一つください。
>
> 学習者：はい。
>
> ↓
>
> 役割変換

　まず、机の上に電池、紙、鉛筆などを並べておき、教師が言ったとおりに物を渡す練習をする。それができるようになったら役割変換をする。数量詞のあとに助詞が入らないことに注意して、よく練習させる。

　役割変換では、学習者が「紙を1枚ください」のようにやさしいものしか質問しない場合があるので、教師が「電池3」とメモか、実物を指すことで指定するとよい。

　上記ができるようになったら、「赤い電池を三つください」「50円の切手5枚ください」のように複雑な文も練習する。

7．接続詞「それから」

> 導入と練習
>
> 導入会話
>
> 教　師：すみません。はがきを3枚ください。
> 　　　　それから、80円の切手を10枚ください。
> 学習者：はい。どうぞ。
> 　　↓
> 役割変換

6と同じように練習する。

8．疑問詞「いくつ」

> 導入と練習
>
> 導入会話
>
> 学習者：すみません。電池をください。
> 教　師：いくつですか。
> 学習者：三つください。
> 　　↓
> 役割変換

会話で疑問詞の意味を理解させて、練習する。

> タスク練習
> 1．喫茶店、レストランで注文する。
> 2．カメラとテレビとテープレコーダーを決められた予算内で買うために値段を尋ねる。
> 3．駅の売店で切手、電池、新聞を必要な数だけ買う。

GRAMMAR II （第6課と第7課）

文法項目

動詞文1　往来動詞（行きます、来ます、帰ります）の基本的な文構造を学習する。
　　　　動詞文の肯定文、否定文、疑問文
　　　　動詞の "present form" と "past form"

解説と注意点

1．動詞の present form（～ます）と past form（～ました）の意味する時制

　　動詞文の学習では、present form と past form が何を意味するかを理解させること
が大切である。present form は、初級段階では基本的な二つの用法を学習する。一つ
は、将来の動作・作用を述べる場合、例えば、「あした会社に行きます」などであり、も
う一つは、習慣的に行われる動作・作用を述べる場合、例えば、「毎朝9時に会社に行き
ます」などである。

　　導入、練習の際は、行く、来る、帰るという語の意味と形を教えることにとらわれて、
その動詞の動作・作用を示すような絵を見せて単純に現在形を言わせる、という方法を
とりがちである。しかし、動詞、特に動作動詞を学習するときは、はじめから、その動
作が習慣として行われているのか、これから行うことなのか、もうすでに行われたこと
なのか、意識させて導入、練習することが大切である。

　　past form は、「先月アメリカに帰りました」などのように、過去の動作・作用を述べ
る場合と、「(もう) うちに帰りました」などのように、現在までに完了したことを述べ
る場合と、二つの使い方があるので、ここでは必ず、時を表すことばをつけて練習する
ことが大切である。

2．助詞「に・へ」

　　「会社に行きます」という文を学習すると、学習者は、助詞「に」を「会社」とのつ
ながりで覚えてしまい、動詞「行きます」とのつながりに注意がいきにくい。そのため、
後で「会社に仕事をします」のような誤りが生じてしまう。「に」は単に「会社」という

GRAMMAR II

場所を導いているのではなく、動詞「行きます」の目的地を導いているという点を理解させることが大切である。

　また、目的地は「へ」でも導かれる。「に」と「へ」について学習者が質問してもここで深入りして教える必要はない。GRAMMAR（教 p.53）の記載を指し示し、どちらを使ってもかまわないと告げるにとどめた方がいい。文法的に「に」が使えない場合もあるが、そのことについては、JBP II（教 p.98）で説明してあり、その課を学習するまで機会を待つ。

　教師にとって「何をどう教えるか」は大きな課題であるが、それと同時に、段階によって「今何を教えないか」もまた一つの課題である。JBP I で「へ」を使わず、「に」を採用しているのは、学習者の負担を軽くできればという理由からである。

3．語　順

　「きのう、友達と銀座に行きました」は、「友達ときのう銀座に行きました」や「きのう、銀座に友達と行きました」とも言うことができる。日本語の語順は、述語が文末に来る以外は文節単位で柔軟に変えられる。しかし、日本人が文を作るときに、どういう語順を選ぶかには一定のルールがある。初級の段階ではあまり複雑な説明をする必要はないが、KEY SENTENCES や会話文の後に書かれている叙述文は、規範となる文なので、十分に時間を割いて教えてほしい。教師は以下の点をよく頭に入れておくこと。

　規範的な語順は、「私はきのう友達と銀座に行きました」のように、主題である「私は」がまず文頭に、次に時を表す文節「きのう」が来る。述語動詞「行きました」は最後に来る。そして、この文を構成するため述語動詞「行きました」が最も必要とする目的地を表す文節「銀座に」は、その直前におかれるのが普通である。

4．助詞「が」

　第6課に出る「だれが来ましたか」という文ではじめて助詞「が」が登場する。未知の主語を導く助詞として NOTES 5（教 p.55）に解説されており、学習者の理解のための解説は、それで十分である。詳しくは、後に続く第8課と第9課で学習する。第6、第7課の段階では、疑問詞の後とその答えの主語の後には、「は」ではなく「が」を用いることをよく定着させておく。

副教材のヒント　2

　第6課、第7課では、動詞文の構造をはっきりと理解させるための教材が必要である。往来動詞を導入するためには、まず、目的地となるいろいろな「場所」を絵カードで示し、人にたとえられるもの（人形でも、ペンでもよい）を実際に動かして導入することが大切である。さらに、時を限定するための「カレンダー」「交通手段」「同行者」をカードで用意しておけば、数多くの文を組み立てる練習をすることができる。

　学習した文型を、大人の生活場面で練習するためには、スケジュールについて話すための教材を用意するとよい。「会社員の仕事のスケジュール表」や「バスの路線図」を用意すると、内容を説明したり、質問し合ったりする練習ができる。

　文型の整理のためには（これは第15課まで必要なものだが）、動詞文の場合、特に、助詞や疑問詞の意味や位置を正確に学習するために、文が組み立てられるカードを用意しておくとよい。

第6課　人や乗り物の往来

学習目標　**場面**　人がいろいろな場所へ移動することについて話す。
　　　　　　　　　　交通機関の行き先について尋ねたり教えたりする。

学習項目　**文型**　［名詞］は［場所］に行きます／来ます／帰ります
　　　　　　　　　　〜ます／〜ません／〜ました／〜ませんでした
　　　　　　　　　　〜ますか／〜ましたか
　　　　　助詞　が（疑問詞）
　　　　　　　　　　と（人と）
　　　　　　　　　　で（人数で）
　　　　　　　　　　にも・には
　　　　　接続詞　そして
　　　　　その他　時を表わすことば（助詞をとらないもの、「あした」等）

指導例

1．文型「［場所］に行きます」

導入と練習

モデル→リピート

教　師：駅、デパート…

教　師：行きます。

教　師：駅に行きます。

　↓

叙述

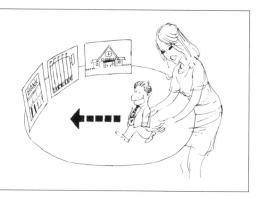

　まず、絵カード、写真を使って場所の語彙を導入、練習する。銀行、大使館など、すでに学習している語彙は、絵カードを見せて学習者に言わせる。忘れている場合は、すぐに

60

教師が教えないで、音の一部をささやいたりしてヒントを与え、なるべく学習者に自分で思い出させるようにする。こうした作業が語彙の定着を促す。

　次に、動詞「行きます」を導入する。場所の絵カードを机の上に並べておき、教師は、「行きます」と言ってから、人に見たてたもの（学習者が了解すればペンでも何でもよい）を場所の絵カードまで移動させる。この課ではじめて人の動きを表す動詞を学習するので「～ます」が未来の動作を表していることが理解できるように、必ず「行きます」と言ってから移動させる。学習者にも同じように動作をさせながら言わせる。「歩きます」と混同しないように、「アメリカ」等、歩いて行けない場所のカードも用意しておく。また、教室内を教師が移動して導入する方法もある。この場合は、例えば、「ドアに行きます」（これは「ドアのところに行きます」と言わなければならない）とならないように、ドアのところにあらかじめ銀行等、場所の絵カードを置いて練習するとよい。

　「行きます」の意味がつかめたら、「〔場所〕に行きます」を導入、練習する。「行きます」は、自分が今いるところからほかの場所へ移動するときに用いる動詞である。この点をよく理解させるためには、場所の中に話し手が今いるところを含めてはいけない。例えば、会社で授業をしているのに、「会社へ行きます」と言わせると「来ます」と混同する恐れがあるし、また、場所カードの中に「家」があると、「帰ります」と混同する恐れがある。日本語の「行きます、来ます、帰ります」と英語のgo, come は微妙に使う範囲が異なるので、導入のとき、この点に注意する。定着のよい学習者には、ここで、後述の「来ます」「帰ります」を「行きます」と比較しながら導入してもよい。

2．文型「〔時〕行きます／行きません／行きますか」

導入と練習

モデル→リピート

教　師：あした、デパートに行きます。

↓

叙述

↓

Q & A

教　師：あした、デパートに行きますか。

　（学習者に「はい」で答えるよう指示する）

学習者：はい、行きます。

学習者：あした、銀行に行きますか。

教　師：いいえ、行きません。

↓

役割変換

学習者：はい、行きます。

　カレンダーの翌日の日付を指して、「あした」の意味を確認しながら導入し（「あした」はすでに学習しているが、一応確認し、未来の動作について話していることを再確認させる）、絵カードでいろいろな場所を与え叙述練習をさせる。

　次に、教師が「あした〜に行きますか」と質問し、学習者に「はい」で答えるように指示する。学習者は、ここではじめて動詞の疑問文を聞くことになるが、文末のイントネーションが上がっていることや、名詞の疑問文の類推から、意味は理解できるはずである。学習者に「はい」で答えさせる練習をしてから、学習者に質問させ、これに教師が「いいえ、〜ません」と答え、否定形を導入する。学習者に「はい」「いいえ」のどちらかで答えさせる指示を出すために、「はい」「いいえ」をカードにしておくとよい。

　自然な受け答えを定着させるために、学習者には必ず「はい、行きます」「いいえ、行きません」の省略形で答えさせ、「〜に行きます」の形は学習者が質問する側になったときに十分練習させる。また、話し手と聞き手がお互いのことを聞いているので、「〜さんは〜に行きますか」という主語を省略していない質問文はここでは使わない。

　未来の動作は、「きょう、銀行に行きます」ということもできるが、「きょう」は未来と過去の両方を含んでいるので、導入には使わない方がよい。上記がよくできるようになったら、「きょうの午後」などで練習してもよい。

3．文型「〔時〕行きました／行きませんでした／行きましたか」

　「きのう」をカレンダーで指し示しながら、指導例2と同じ手順で導入、練習する。過去の意味をはっきりさせるために、人形を移動させる動作を終えてから「〜ました」と言う。また、必ず「きのう」等の過去を表す時のことばをつけて練習する。

4．文型「〔人〕は〔時〕〔場所〕に行きます／行きました」

導入と練習

モデル→リピート

教　師：田中さんはあしたアメリカに行きます。
　　　　スミスさんはきのう中国に行きました。

↓

叙述

↓

Q＆A

動詞「行きます」に目的地の「場所」と助詞をとらない「時」を加えた形ができるようになったら、「～は」を加えてフルセンテンスを練習する。人物カードの田中さん、スミスさんについて、その日の前後のスケジュールメモを作成し、二人のスケジュールについて話す場面を設定すると自然に導入することができる。

5．疑問詞「どこ」

> 導入と練習
>
> 導入会話
>
> 教　師：田中さんは、あした、銀行に行きますか。
>
> 学習者：いいえ、行きません。
>
> 教　師：大使館に行きますか。
>
> 学習者：いいえ、行きません。
>
> 教　師：どこに行きますか。
>
> 学習者：デパートに行きます。
>
> 　　　↓
>
> 役割変換

「田中さんのスケジュール」について上記のような会話をして、「どこに」を導入する。また田中さんのスケジュールを使わずに、学習者に「川田さんはあした～に行きますか」といろいろな場所について質問させて、教師が「いいえ、行きません」と答えるやりとりを繰り返し、学習者の頭の中に「ではどこに行ったのか」という疑問を起こさせてから、「どこに」を与える導入の方法もある。

6．疑問詞「いつ」

> 導入と練習
>
> 導入会話
>
> 教　師：田中さんはきのうデパートに行きましたか。
>
> 学習者：いいえ、行きませんでした。
>
> 教　師：いつ行きますか。
>
> 学習者：あした、行きます。
>
> 　　　↓
>
> 役割変換

　「どこ」と同じ要領で導入、練習する。ここでも、答えは教師がカレンダーを指して教師が指示する。

　「どこに行きましたか」「いつ行きましたか」のような身近な動詞文は実際の生活についてすぐ話したくなるが、ここまでは学習者に自由に答えさせず、教師が答え方もコントロールして練習する。なぜなら自由に話させると「土曜日に行きます」「どこにも行きませんでした」等、まだ学習していない文型（第7課で学習）を使わなければならない場合も出てくるからである。動詞文の助詞や疑問詞の使い方は、定着するまでかなり練習が必要である。ここでは、学習した文型を十分に定着させることを優先する。

　ここまで定着したらタスク練習に入るが、ここでもまだ学習していない文型を使わなくてもすむようにテーマを工夫することが大切である。

タスク練習
1．何人かの人物のスケジュールについて説明する。
　　「〜日に」「〜曜日に」と言わなくてもよいスケジュール表を作っておく。
2．教師が学習者やその友人の実際の生活について質問しスケジュール表に書き込む。
　　教師は「〜日に」「どこにも〜ません」と答えたくなるような「いつ」「どこ」を
　　用いた質問をしない。
3．学習者が教師の実際の生活について質問し、スケジュール表に書き込む。

7．助詞「〔人〕と」、一人で

導入と練習

モデル→リピート

教　師：秘書と大使館に行きます。
　　　　友だちとデパートに行きます。
　　　　ひとりで銀行に行きます。
↓
叙述
↓
Q＆A

　はじめに「行きます」を導入したときと同じ要領で、「〜と行きます」を導入、練習する。さらに、「〔人〕と」を用いて、過去や未来についても叙述、Q＆A練習をする。「一人で」のほかに、「二人で」も導入し、「友達と二人で」が可能なことも紹介する。

８．疑問詞「だれ」

導入と練習

導入会話

教　師：あした、デパートに行きますか。

学習者：はい、行きます。

教　師：ひとりで行きますか。

学習者：いいえ、友達と行きます。

教　師：だれと行きますか。

学習者：スミスさんと行きます。

↓

役割変換

↓

導入会話

教　師：あした、だれが銀行に行きますか。

学習者：田中さんが行きます。

↓

役割変換

　「だれと」は上記のように、単に会話で導入してもよい。

　「だれが」の導入会話は、指導例５やタスク練習で使用したスケジュール表を見ながら質問する。「が」ははじめて学習するので、学習者が答える前に、教師が自問自答して聞かせてもよい。ここでは、なぜ「は」ではなく「が」なのかということについては触れない方がよい。単に疑問詞とその答えには「が」を使うということを理解させる。

９．動詞文のまとめ

教　師：田中さんは、あした、友達と大阪に行きます。

Q＆A

教　師：田中さんはどこに行きますか。

学習者：大阪に行きます。

教　師：だれと行きますか。

学習者：友達と行きます。

教　師：いつ行きますか。

学習者：あした行きます。

まず、教師が学習したことをすべて使ったフルセンテンスを叙述して聞かせ、その内容についてQ＆Aする。学習者に叙述させて、Q＆Aを役割変換して行ってもよい。

タスク練習
1．バス、地下鉄、電車の路線図を見て、説明する。
2．バス、地下鉄、電車の行き先について尋ねる。

10．来ます／帰ります

「行きます」と同じ手順で意味を導入し、指導例1〜8の項目についても練習する。「行きます」との違いをはっきりさせるために、導入のとき以下の点に注意する。

「帰ります」は、今いるところよりも、帰属意識の強い場所に移動することを表すことをよく理解させる。

「来ます」は、ほかの場所から今いるところに移動すること表すことをよく理解させる。これは日比谷の事務所で授業をしている場合は、外国から日本、大阪から東京、青山の自宅から会社というふうに、外側から内側へという移動を示すとよく理解できる。

11．助詞「にも／には」

導入と練習
導入会話
教　師：あした、大使館に行きますか。
学習者：はい、行きます。
教　師：銀行にも行きますか。
学習者：はい、行きます。

教　師：あした、デパートに行きますか。
学習者：はい、行きます。
教　師：銀行にも行きますか。
　　　　（いいえ、銀行には行きません。）
学習者：いいえ、銀行には行きません。
　↓
役割変換

すでに学習している「も」の使い方から意味は類推させやすい。答えるときの「にも」「には」は、「だれが」と同様に、文法的な説明はせずに、会話練習を重ねて慣れさせる。

第7課　訪問 I

学習目標	**場面**	移動の時間や交通手段について話す。
		訪問したり、訪問を受けたときの挨拶や簡単なやりとりをする。
学習項目	**助詞**	に（時間）
		で（交通手段）
	表現	訪問接客の表現

指導例

1．助詞「に（時）」

```
導入と練習
モデル→リピート
教　師：日曜日にデパートに行きます。
　↓
叙述
　↓
Q＆A
```

　カレンダーで、曜日、月日を指定しながら「〜に行きます」の文型を導入する。次に時刻についても導入する。ひととおり練習したら、「に」をとらない「あした」等と混ぜて練習し、使い分けができるように練習する。

　疑問詞によるQ＆Aでは、「いつ」だけでなく「何曜日に」「何時に」「何日に」も導入、練習する。

2．助詞「で（交通手段）」

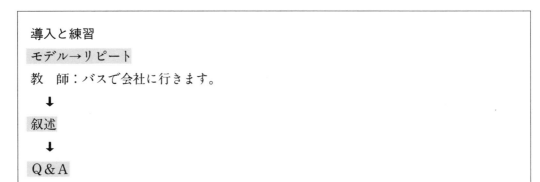

導入と練習

モデル→リピート

教　師：バスで会社に行きます。

↓

叙述

↓

Q&A

　まず、いろいろな乗り物の名前を導入、練習してから、文型を導入、練習する。「歩いて」は表現として導入する。

タスク練習
自分のスケジュール表を作成し発表する。

3．動詞文復習

　ここで、第6課、第7課で学習した移動に関する文型をよく復習し、動詞文型の基礎を固めておく。第7課で学習した「〔時間〕に」「〔交通手段〕で」を含めて、第6課の指導例9の練習をする。そのほかに、学習した動詞、助詞、名詞、疑問詞を一つずつ書いたカード（表記は学習者のレベルによってローマ字か平仮名にする）を使って、以下のような練習をするとよい。

①　助詞さがし

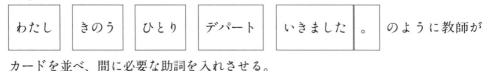

| わたし | きのう | ひとり | デパート | いきました | 。 |

のように教師がカードを並べ、間に必要な助詞を入れさせる。

②　学習者に1文に必要なカードを与え、正しい文型に並べさせる。

③

| が | に | で | 。 |

のように教師が助詞だけ並べておいて、ふさわしいカードを間に入れさせる。

④

| でんしゃ | で | いきました | 。 |

のように答えだけ教師が作り、疑問文を学習者に作らせる。

⑤　カードをすべて与え、好きな文をたくさん作らせる。

　　カードを使うと、口頭で発音させたり、書かせたりするより学習者に負担が少なく、学習者は文型の練習に集中することができる。並べるときに注意すべきことは、名詞と助詞、疑問詞と助詞の間を離して並べることをさせないことである。この練習を通して、助詞の機能、文節の単位、文節単位の語順の柔軟性についても理解させる。語順は柔軟であるといっても動詞の直前にはもっとも動詞の意味と関連のある文節を置くこと（移動動詞の場合は移動先の場所）は指導した方がよい。

4．接客表現

　　第7課本文会話で導入される接客表現「よくいらっしゃいました」「どうぞこちらに」については、文型としてではなく表現として、その場面に遭遇したときにすぐ口から出てくるように練習する。

　　まず、個々の表現を自然な速さで発音できるようになるまで練習し、言えるようになったら実際に客と主人の立場になり、身体を動かして役割練習をする。学習者の国と日本とでは、玄関の構造や客の迎え方が異なるので身体を動かしながら言う練習をすることが大切である。

GRAMMAR III （第8課と第9課）

文法項目

1. 存在文の基本構造を学習する。（第8課）

　「居間にテレビがあります」「居間に田中さんがいます」

2. 所在文の基本構造を学習する。（第9課）

　「テレビは居間にあります」「田中さんは居間にいます」

解説と注意点

所在文と存在文

　　所在文は、話し手と聞き手がすでに知っているものを主題として「は」で導き、それが「どこにあるのか」質問したり、述べたりする文である。これは、例えば、「タクシー乗り場はどこですか」のように、何かを捜している場面を設定すれば理解しやすい。一方、存在文は、あるものが存在するということを述べる文である。しかし、話し手と聞き手双方の目の前にある物の存在を叙述する、例えば、「テーブルの上に花があります」のように言う場面は、日常的にそう頻繁に起こらない。現実には存在文は、聞き手が知らないある場所に「何があるか」を教える場合に用いられることが多い。

　　所在文と存在文は、例えば、「かばんは<u>どこにあるか</u>」「かばんの中に<u>何があるか</u>」という場面の違いを教師がはっきりさせて練習することが大切である。

副教材のヒント　3

　　第8課、第9課では、人や物の位置を描写したり、教えたりするための教材が必要である。絵教材で用意すべきものは「建物や町の図」である。「～の上に～があります」を練習するために室内の絵を用意することがよくあるが、それはむしろ実際のテーブルや箱を使って練習した方が位置関係がはっきりする。

第8課　人と物の存在

学習目標　**場面**　ある場所に何があるか、だれがいるかを描写したり報告したりする。
　　　　　　　　　　位置関係を説明する。

学習項目　**文型**　〔場所〕に〔名詞〕があります／います
　　　　　　　　　　何もありません／いません
　　　　　　助詞　と（〔名詞〕と〔名詞〕）
　　　　　　　　　　や（〔名詞〕や〔名詞〕）
　　　　　　　　　　ね（終助詞）
　　　　　　位置　～の上に

指導例

1．文型「〔場所〕に〔名詞（物）〕があります」

導入と練習

モデル→リピート

教　師：1階に銀行があります。

　　　　2階にＡＢＣがあります。

　　　　3階に東京電機があります。

　　　　4階に大使館があります。

　　　　5階に学校があります。

↓

叙述

↓

Q&A

教　師：1階に何がありますか。

学習者：銀行があります。

　この文型は、ある場所に何があるかを伝えるときに使う。導入は、ビルの各階に何があるか説明するという設定がよい。室内に置いてある物で導入すると、いきなり「〜の上に」と言う必要が生じるし、住宅の間取り図では、「居間」「食堂」等、新しい語ばかりで学習者の負担が多い。

　「〜階」は数字によって発音が変化するので、まず「1階」から「10階」まで発音を練習する。その後で、教師がビルの内部を説明する設定で、「1階に銀行があります」と言っていく。各階についてひととおり教師が説明したり、学習者にも言わせる。耳から聞いただけでは文が組み立てられなかったら、教師が、図の中の「1F」「銀行」を順に指していき、助詞を考えさせて、「1階に銀行があります」と組み立てさせるとよい。

　次に、「〜階に何がありますか」と質問して、「〜があります」と答えさせる練習をする。文型が定着したら、部屋の名前、家具の名前を導入して、住宅の間取り図について同じ練習をする。

２．文型「〔場所〕に〔名詞（人）〕がいます」

導入と練習

モデル→リピート

教　　師：居間にテーブルがあります。

　　　　　　居間に田中さんがいます。

↓

叙述

↓

Q & A

　部屋の中に物と人が両方存在する絵を見せてもよいし、実際に人がいる室内を描写してもよい。生物と無生物の違いによって使い分けることをよく理解させ、「あります」と同じように練習する。

タスク練習

1．会社のビルの設備について説明する。

2．事務所の人の配置について説明する。

　このタスク練習では、学習者を一方的に説明役にする。もし学習者に質問をさせると「〜はどこにありますか」と第9課で学習する文型がふさわしくなってしまう。また、第8課の文型である「〜に何がありますか」は、実際の場面では「〜に何があるんですか」の方がずっと自然であり、「〜に何がありますか」が自然な場面を設定するのは難しい。し

たがって、ここでは一方的に説明させた方がよい。

3．位置　〜の〜に

導入と練習

モデル→リピート

教　師：上、下、前

教　師：箱の上、箱の下、箱の前、箱の中

教　師：箱の上に本があります。

　　　↓

叙述

　　　↓

Q&A

教　師：箱の中に何がありますか。

学習者：本があります。

　「〜の〜に〜があります」はいきなり導入すると負担が大きいので、上記の手順で導入する。この導入は、絵を使うよりも実際に「上、下、前」を指したり、実際に箱の上や中に本を置いて導入した方がよい。

4．助詞「と」

導入と練習

モデル→リピート

教　師：ペン、ペンと鍵、本と時計

教　師：テーブルの上にペンと鍵があります。

　　　↓

叙述

　　　↓

Q&A

教　師：テーブルの上に何がありますか。

学習者：ペンと鍵があります。

　「と」も「の」と同じように、名詞句の中で名詞と名詞の関係を表す助詞である。名詞句だけで「と」の働きをよく理解させてから文の中に入れて練習する。「と」は、指導例1の「〜に〜があります」の練習の後ですぐ導入し、練習に組み入れてもよい。

5．助詞「や」

導入と練習

導入会話

教　師：テーブルの上に何がありますか。

学習者：電話と灰皿と本とノートと…

↓

リピート

教　師：電話や灰皿があります。

↓

叙述

↓

Q＆A

　「～と～」と「～や～」の違いをはっきり対照させて導入する。「と」では全部言わなければならないので、学習者が知らない語がないように教師が作った場面で練習させたが、「や」はその必要がない。実際の学習者の机の上やかばんの中をテーマとして練習する。

6．文型「〔場所〕に何もありません／だれもいません」

導入と練習

モデル→リピート

教　師：テーブルの上に本やノートがあります。

　　　　椅子の上に何もありません。

↓

Q＆A

教　師：椅子の上に何がありますか。

学習者：何もありません。

　これも実際に物が置いていない椅子を用意して導入する。英語の類似表現では文末が否定形にならないので、「何もあります」という誤りが起こりやすい。注意して練習する。

第9課　場所を尋ねる

| 学習目標 | **場面** | 人の居場所、物のありかを尋ねたり、教えたりする。 |

| 学習項目 | **文型** | 〔場所〕に〔名詞〕が〔数量〕あります／います |

〔名詞〕は〔場所〕にあります／います

〔名詞〕は〔場所〕です

指導例

1．文型「〔場所〕に〔名詞〕が〔数量〕あります」

文型導入

導入会話

教　師：テーブルの上にりんごがあります。

　　　　　いくつありますか。

学習者：三つあります。

↓

モデル→リピート

教　師：りんごが三つあります。

　　　　　テーブルの上にりんごが三つあります。

↓

叙述

りんごのほかに葉書やペンなどで「～枚あります」「～本あります」も練習する。

2．助詞「が」→「は」

導入と練習

モデル

> 教　師：事務所にスミスさんがいます。
> 　　　　スミスさんは去年アメリカから来ました。

　これは教師が言って聞かせ、「は」と「が」の基本的な関係が理解できればよい。

　「は」と「が」のように機能が複雑なものは、この段階で全体像を理解させるのは難しい。理解するためにはもっといろいろな文型や語彙に触れることが必要だからである。無理に説明して学習者に一面的な理解をさせてしまうよりも、上記のように基本的な用法を紹介するにとどめた方がよい。

3．文型「〔名詞〕は〔場所〕にあります」

> 文型導入
> 導入会話
> 教　師：（私の本がありません。）
> 　　　　本はどこにありますか。
> 学習者：本はかばんの下にあります。
> 　　　↓
> 役割変換

　所在文と存在文の構造的な違いにこだわる学習者には上記のように「私の本がありません」から会話をはじめて理解させる。このとき、この最初の文は場面からわかる場合には言わないことも告げる。

　こだわらない学習者なら「私の本がありません」を省いて、単に教師が何かさがしているという顔付き、身ぶりで会話を始めてよい。存在文との違いは、「どこにあるのか」と「何があるのか」という知る目的が違うことをはっきり理解させることが大切である。安易に第8課で使用したビルや家の間取り図を見ながら「～は～にあります」と導入して練習させたのでは、この違いを理解させることはできない。

4．文型「〔名詞〕は〔場所〕です」

> 文型導入
> モデル→リピート
> 教　師：本はテーブルの上にあります。
> 　　　　本はテーブルの上です。
> 　　　↓
> Q&A

> 教　師：本はどこですか。
> 学習者：テーブルの上です。

　この「です」の使い方については、文法IIIの説明（教 p. 67）を必ず読ませる。これはこの文型だけで起こる省略形ではなくほかの動詞の文型でも同様であることを理解させる。

タスク練習
1．デパートで買いたい物の売り場を尋ねる。
2．街で駅や商店の場所を尋ねる。

5．〜から（理由）、疑問詞「どうして」

導入と練習

モデル→リピート

教　師：きょうは日曜日ですから、会社に行きません。
　　　　　きょうは土曜日ですから、銀行は12時までです。

↓

叙述

↓

導入会話

教　師：きょう、銀行は12時までです。
　　　　　どうしてですか。
学習者：土曜日ですから。

教　師：あした、空港に行きます。
学習者：どうしてですか。
教　師：アメリカから友達が来ますから。

↓

役割変換

　導入は、教師のモデルを聞いて意味を理解させる。
　Q＆Aで、「どうして〜しますか」というのは、あまり自然な表現ではないので、「どうしてですか」「〜ですから」というやりとりを練習する。

GRAMMAR IV　（第10課から第12課）

文法項目

動詞文2　**動作動詞の基本的な文構造を学習する。**
　　　目的話を一つとる動詞（第10課、第11課）
　　　「御飯を食べます」
　　　目的話を二つ（直接目的語と間接目的語）とる動詞（第12課）
　　　「友達に手紙を書きます」

解説と注意点

1．動作の行われる場所を導く助詞「で」

　　学習者は、往来動詞（行く・来る・帰る）の目的地が助詞「に」によって導かれ、存在動詞（ある・いる）の位置も助詞「に」で導かれることを学んだので、場所はいつも「に」で導かれるものと思い込みやすく、この「で」の用法に戸惑う場合が多い。この「で」で導かれる「場所」は、動作が行われる場所であることを理解させることが必要である。

2．助詞の整理

　　第12課までで基本的な助詞の機能をすべて学習することになる。初級の段階では、各課で学習するときに、往来動詞、存在動詞、動作動詞をそれぞれの助詞とともに文型としてよく覚えさせておくことが大切である。巻末の「助詞のまとめ」参照のこと。

副教材のヒント　4

　　第10課から第12課では、学習する動詞の数が多いので、動詞や目的語の絵カードを
豊富に用意しておくと叙述練習がしやすい。日常生活のいろいろな動作について言え
るようになるので、第6課、第7課よりも詳しいスケジュール表を用意すると日常の
行動について話すことができる。

　　ここでもいろいろな動詞、名詞、助詞、疑問詞のカードを用意して、第6課から第
12課までの動詞文を整理するとよい。

第10課　一日の生活

学習目標　　**日常生活の基本的な行動について話す。**

学習項目　　**文型**　　〔人〕は〔名詞〕を〔動詞〕
　　　　　　　　　　　もう～ました
　　　　　　助詞　　で（行動の行なわれる場所）

　　　　　　表現　　いいですね（あいづち）

指導例

1．文型「〔人〕は〔名詞〕を〔動詞〕」

　導入と練習

　モデル→リピート

　　　　　食べます。飲みます。…

　教　師：りんごを食べます。
　　　　　コーヒーを飲みます。

　　↓

　叙述

　　↓

　Q&A

　　↓

　モデル→リピート

　教　師：毎朝、コーヒーを飲みます。
　　　　　毎朝、新聞を読みます。

　　↓

　叙述

```
      ↓
  Q & A
```

　導入のときは、進行形と混同しないように、第6課と同様に「食べます」と言ってから動作をする。未来の動作としての練習が終ったら、「毎朝」をつけて、習慣的な動作について言う場合を導入、練習する。ここでは、動詞がたくさん出てくるので、「〜を〜」の段階ですべての動詞が定着するまで叙述練習やQ＆Aを繰り返す。

　「〜ました」「〜ません」「〜ませんでした」については、第6課に準じて練習する。「いつ」「だれと」「何時から何時まで」など、既習の文型と組み合わせたQ＆A練習[12]も十分にする。

　注　12)　既習文型と組み合わせた復習というと、時間を表す語や疑問詞と組み合わせた練習に偏り
　　　　　がちだが、第1課から第5課で学習した項目もここで復習するとよく定着する。
　　　　（例）　りんごを一つ食べました。
　　　　　　　日本語の新聞も読みますか。
　　　　　　　どの本を読みましたか。

2．助詞「で（場所）」

```
導入と練習
モデル→リピート
教　　師：家で新聞を読みます。
　　　　　駅で新聞を読みます。
　　　　　会社で新聞を読みます。
      ↓
叙述
      ↓
Q & A
      ↓
導入会話
教　　師：毎朝、どこで新聞を読みますか。
学習者：会社で読みます。
      ↓
役割変換
```

　「［場所］に」と「［場所］で」を混乱しないように、導入、練習がすんだら、「どこに行きますか」「どこにありますか」「どこで食べますか」などを取り混ぜてQ＆Aをして使い分けられるように練習する。理解力のある学習者には「アメリカでディズニーランドに行

きました」のような文を紹介して理解させてもよい。

　ここでも、第６課と第７課の復習で使った単語カードで疑問詞、助詞、語順などの復習を十分にしておく（p.68参照）。

３．文型「何も〜ません」

導入と練習

導入会話

学習者：朝、何を食べましたか。

教　師：何も食べませんでした。

↓

役割変換

　第８課で学習した「だれもいません」から、意味はすぐに理解できるはずである。できないときは、「何もありません」「だれもいません」に戻って復習する。

４．文型「もう〜ましたか」

文型導入

導入会話

教　師：もう朝御飯を食べましたか。

学習者：はい、もう食べました。

↓

役割変換

　この表現は授業の行われている時間帯にふさわしい文を選んで導入すると理解しやすい。早朝の授業なら、「もう朝御飯を食べましたか」「もう新聞を読みましたか」、午後の授業なら「もう昼御飯を食べましたか」とすれば自然に意味を理解することができる。「もう、食べました」という答え方は教師が与えて答えさせる。

　ここでは「はい」の場合のみ練習すればよいが、学習者が「いいえ」で答えたがる場合もある。その場合、「いいえ、食べませんでした」というのは不自然なので、第21課で学習する「いいえ、まだです」をここで導入する。

タスク練習

　１．教師に一日の生活の流れについて質問する。

　２．自分のある一日について話す。

第11課　東京の生活（復習）

　この課は、ここまでに学習者にどのくらい力がついたか（特に文字の力）によって使い方が異なってくる。

　学習者のレベルごとにいくつかの使い方をあげる。

　Ａレベル：文型、語彙がよく定着し、平仮名、片仮名も読めるようになっている場合

①　新しく出た語句を説明してから、全体を学習者に音読させる。

②　数回音読させてから、内容について教師が質問する。

③　内容について学習者に質問させる。

④　自分の場合について本文と似た形式で話させる。

⑤　話した内容を書かせる。学習者が自分では書けないときは、教師が書いて読ませるとよい。自分を題材にしているので学習者が興味をいだき学習意欲が増す。

　Ｂレベル：文型、語彙はよく定着しているが、文字が十分に読めない場合

(1)　聴解練習に用いる

①　新しく出た語句を説明してから、テープを聞かせるか教師が音読する。

②　全体を数回音読してから、内容について教師が質問する。

③　②にすらすら答えられれば、学習者が内容について質問する。

　　答えられない場合は、段落ごとに内容を質問し、学習者にも質問させる。

④　段落ごとに自分の生活について話させる。

(2)　ローマ字で読ませる

　　Ａと同じ方法をローマ字で行う。

(3)　文字を読む練習に利用する

①　(1)の要領で聴解練習として内容を学習する。

②　仮名で書かれた本文を拡大コピーして渡し、助詞、「です」など繰り返し使われる語に下線を引かせる。

③　教師が単語を取り出してフラッシュカードを作成し、単語ごとに読む練習をさせる。

④　全体を読む練習をする。

Ｃレベル：文型、語彙が十分に定着していない場合

① 段落ごとに分けてテープを聞かせるか、教師が読み上げる。

② 段落ごとに数回聞かせてから、内容を学習者に質問する。

③ 学習者にも内容について質問する。

　②③の段階で必要と思われる復習をする。

④ 文の助詞の部分を抜いたもの、動詞の部分を抜いたものなどを作成し、学習者に抜けているところを入れさせる。

⑤ 簡単な文型を選んで自分について話す練習をする。

⑥ 話した内容を書かせる。

第12課　電　話

学習目標　　**場面**　　簡単な電話の会話をする。

　　　　　　　　　　　相手のある動作について話す。

　　　　　　　　　　　行動の頻度について話す。

学習項目　　**文型**　　〔人〕は〔人〕に〔名詞〕を〔動詞〕

　　　　　　　　　　　よく～

　　　　　　　　　　　あまり～

　　　　　　　　　　　ぜんぜん～

　　　　　　　接続詞　が（逆接）

　　　　　　　表現　　電話でのやりとりに関する表現

指導例

1．文型「〔人〕は〔人〕に〔名詞〕を〔動詞〕」

導入と練習

`モデル→リピート`

教　師：写真を見せます。

教　師：スミスさんに写真を見せます。

↓

`叙述`

↓

`Q&A`

↓

`叙述とQ&A`

教　師：田中さんはスミスさんに写真を見せました。

教　師：何を見せましたか。

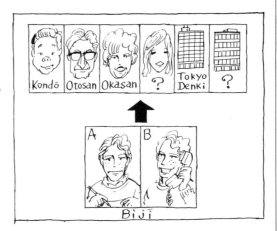

学習者：写真を見せました。

教　師：だれに見せましたか。

学習者：スミスさんに見せました。

　目的語を二つとる動詞は、いきなり二つで導入すると学習者の負担になる。まず「～を～」だけの形を復習してから、「～を～に～」の形を導入し、叙述練習を十分にする。時の表現をつけて過去についても練習する。

　はじめに「見せます」「電話をします」「手紙を書きます」のように動作の方向がはっきりしている動詞でよく練習する。そして、十分文型に慣れてから、「質問する」の意味の「聞きます」を導入、練習する。

　「聞きます」は、「音楽を聞きます」と「住所を聞きます」では意味が異なるし、また「教えます」も、「日本語を教えます」と「住所を教えます」では意味が異なる。それぞれ二つ意味があることを確認し、ふさわしい例文でよく練習する。

　また、「会います」は「田中さんに会います」と「田中さんと会います」の両方が可能である。この場合は単にどちらでもいいと教えるのではなく、一方的な働きかけの助詞「に」と両方からの働きかけの助詞「と」について理解させておくと将来応用力がつく。

　疑問詞を使ってQ＆Aをするとき、「電話をします」の場合は、相手によって、「だれにしますか」「どこにしますか」と疑問詞が変わってくるので、両方について練習する。

２．よく～

導入と練習

導入

教　師：田中さんは、きのうの晩、コーヒーを飲みました。

　　　　きょうの朝、コーヒーを飲みました。

　　　　今、コーヒーを飲みました。

　　　　田中さんはよくコーヒーを飲みます。

　↓

Q＆A

教　師：田中さんはよくコーヒーを飲みますか。

学習者：はい、よく飲みます。

　↓

役割変換

　日本語の文をたくさん聞かせて、新しい文型の意味をつかませるようにすると学習者は自信がつく。「田中さんは、朝、家でコーヒーを飲みます。昼、会社でコーヒーを飲みま

す。午後、喫茶店でコーヒーを飲みます」のような文を使っても導入することができる。ここではまだ「いいえ」の答え方を学習していないので、第三者について叙述し、その人についてのＱ＆Ａのみ行う。

３．あまり～／ぜんぜん～

```
文型導入
導入会話
学習者：田中さんはよくテニスをしますか。
教　師：はい、よくします。
学習者：田中さんはよくジョギングをしますか。
教　師：いいえ、あまりしません。
学習者：田中さんはよくゴルフをしますか。
教　師：いいえ、ぜんぜんしません。
        ↓
役割変換
```

　「田中さんのスケジュール表（１カ月分位)」を見ながら、その情報に基づいて教師が答えのモデルを与える。

　これで「はい」「いいえ」両方の答え方を学習したので、教師と学習者自身についてＱ＆Ａをしてもよい。

```
タスク練習
同僚のよくする行動について情報を集め、一覧表を作る。
```

４．復　習

　ここで、第６課から第12課までに学習した動詞文を整理しておく。

① 　～に行きます
② 　～にあります
③ 　～を見ます
④ 　～に～を聞きます

　以上の四つの基本文型に、「[場所] で」「[時間] に」「[人] と」などをつけたり疑問詞をつけたりして、十分に運用練習をする。口頭練習だけでなく、カード並べなどで文字による確認もする。特に「田中さんはだれに手紙を書きましたか」「田中さんはスミスさんに何を聞きましたか」のように疑問詞がうまく使えるようになる練習が必要である。

5．電話の表現

　まず、必要な表現を発音練習して言えるようにしておく。その後で、自分がかける場合と受ける場合に分けて役割練習する。

GRAMMAR Ⅴ （第13課と第14課）

文法項目

1. 形容詞文「〔名詞〕は〔形容詞〕です」の基本構造を学習する。

形容詞文の肯定文、否定文、疑問文

形容詞の"present form"（第13課）と"past form"（第14課）

2. 名詞を修飾する形容詞の形を学習する。

「大きい本」「きれいな花」

解説と注意点

1. い形容詞・な形容詞

「い形容詞」は、国文法や学校文法における形容詞のことであり、「な形容詞」は、いわゆる形容動詞のことである。「い形容詞」と「な形容詞」では、形容詞文において文末におかれる際の否定や過去などを表す形、名詞を修飾する形が異なっている。学習者は「い形容詞」と「な形容詞」を区別して、さらに、それぞれの活用形を覚えなければならず、負担が大きい。

2. 形容詞文での疑問詞「どんな」と「どう」

形容詞文での疑問詞については、描写を問う「どんな」を第13課で、感想、評価を問う「どう」を第14課で学習する。

副教材のヒント　5

形容詞には、「大きい」と「小さい」、「高い」と「安い」のように、相対的に意味がはっきりするものがある。この場合は、絵カードを二つ並べて比較して意味を理解できるように用意する。いろいろな形容詞を使って説明したり、感想を言ったりすることのできる絵や写真も用意するとよい。

第13課　訪問 II

学習目標　**場面**　訪問したり、訪問を受けたりしたとき、茶菓を勧めたり受けたり
　　　　　　　　　する。
　　　　　　　　　形容詞を使って、簡単な説明をする。

学習項目　**文型**　〔名詞〕は〔い形容詞〕です
　　　　　　　　　～いです／～くないです
　　　　　　　　　〔名詞〕は〔な形容詞〕です
　　　　　　　　　～です／～ではありません
　　　　　　疑問詞　どんな
　　　　　　表現　茶菓を勧めたり受けたりするときの表現

指導例

1．文型　形容詞の連体形

> 導入と練習
>
> モデル→リピート
>
> 教　師：大きい本。小さい本。
> 　　　　　新しい本。古い本。
> 　　　　　きれいな本。
> 　　　　　大きい町。小さい町。
> 　　　　　静かな町。にぎやかな町。

　それぞれの形容詞の意味がよくわかるような本や町の絵、写真を見せながらモデルを聞
かせ、リピートさせる。特に何も言わずに「い形容詞」と「な形容詞」を混ぜて聞かせ、
学習者が2種類あることに気づくまで続ける。ここでの目標は、新しい形容詞の形と意味
の定着ではなく、名詞を修飾する場合の「い形容詞」と「な形容詞」の違いを理解させる

ことにある。

2．文型　「〜いです／〜くないです／〜です／〜ではありません」

導入と練習

モデル→リピート

教　師：高いです。安いです。
　　　　新しいです。古いです…

↓

Q&A

教　師：高いですか。

学習者：はい、高いです。

↓

モデル→リピート

教　師：高くないです。安くないです。
　　　　新しくないです。古くないです…

↓

Q&A

叙述

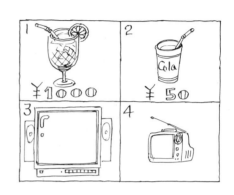

　まず、述語部分だけで意味と形を導入する。Q&Aで形を覚えさせながら意味も定着させる。意味を正確に理解させるために、「高い・安い」「大きい・小さい」など、相対的に意味がはっきりする形容詞は、絵カードも対照させたものを用意する。

　この練習は口頭だけでしていると、「大きい」の"おお"や"きい"のような長音の部分が正確に把握できず"okidesu"や"ookiikunaidesu"のような誤りが起こりやすい。この練習の間に、拍数を確認する発音練習や文字による確認をすることが大切である。

　「いいです」は否定では「よくないです」と特別な形をとるので、特に注意して練習する。

導入と練習

モデル→リピート

教　師：きれいです。静かです。
　　　　元気です。親切です。

↓

Q&A

↓

91

> 叙述

「な形容詞」についても「い形容詞」と同じ手順で導入、練習をする。

> 導入と練習
>
> モデル→リピート
>
> 教　師：この本は高いです。
>
> 教　師：田中さんは元気です。
>
> 　↓
>
> Q＆A
>
> 　↓
>
> 叙述

意味と活用が定着したら、名詞文の場合と同じように、いろいろな物、いろいろな人物から一つ／一人を取り上げ、それについて情報を与えるという設定で「〔名詞〕は〔形容詞〕です」の文型を導入、練習する。

> タスク練習
>
> 自分の会社、町、家、家族、友人などについて知っている限りの形容詞を使って説明する。

3．とても

> 導入と練習
>
> 導入
>
> 教　師：田中さんは毎日8時まで仕事をします。土曜日も仕事をします。
>
> 　　　　田中さんはとても忙しいです。
>
> 　　　　林さんは毎日5時に帰ります。土曜日は仕事をしません。
>
> 　　　　林さんはあまり忙しくないです。
>
> 　↓
>
> モデル→リピート
>
> 教　師：田中さんはとても忙しいです。
>
> 　　　　林さんはあまり忙しくないです。
>
> 　↓
>
> Q＆A

```
    ↓
 叙述
```

　　人物カードで状況設定をして意味を理解させる。意味が理解できたら、「あのレストラン
は高いですか」「東京はおもしろいですか」のように学習者の実際の物事への感想をテーマ
として練習すると、感情移入ができて効果的である。

4．疑問詞「どんな」

```
 導入と練習
 叙述
 学習者：おもしろい本です。高い本です。
 　　　　おいしいレストランです。
 　　　　きれいなレストランです。
    ↓
 導入会話
 教　師：これはどんな本ですか。
 学習者：おもしろい本です。
    ↓
 役割変換
```

　　まず、叙述練習で連体修飾の復習をしてから、「どんな」を導入、練習する。

5．接客表現
　　第7課の接客表現に準じて導入、練習する。

```
 タスク練習
 1．友人の家を訪問して、家、家具、菓子、料理などを誉める。
 　　（「大きい家ですね」「きれいな部屋ですね」など）
 2．友人にほかの人についていろいろと質問する。（奥さん、新しい上司）
 　　（「田中さんの奥さんはどんな人ですか」「きれいな人ですか」／「新しい課長はど
 　　んな人ですか」「いい人ですか」「親切な人ですか」など）
```

第14課　感想を述べる

学習目標　　**場面**　　感想を述べる。

学習項目　　**文型**　　〔名詞〕は〔い形容詞〕です
　　　　　　　　　　～かった／～くなかったです
　　　　　　　　　　〔名詞〕は〔な形容詞〕でした
　　　　　　　　　　～でした／～ではありませんでした
　　　　　疑問詞　どう
　　　　　表現　　～がわかりません
　　　　　　　　　　よかったですね

指導例

1．文型「～かったです／～くなかったです／～でした／～ではありませんでした」

> 導入と練習
>
> モデル→リピート
>
> 教　師：きょうは忙しかったです。
> 　　　　きのうは忙しかったです。
> 　　　　きのうは寒かったです。
>
> 　↓
> Q&A
> 叙述

　　第13課の指導例2と同じ要領で「い形容詞」と「な形容詞」について活用を練習する。
「～かったです」「～くなかったです」は発音が難しいので、十分に口慣らしをする。
　　「よかったです」「よくなかったです」は特殊なのでここでも十分に練習する。

２．どうでしたか

> 導入と練習
>
> 導入会話
>
> 教　師：東京レストランに行きましたか。
>
> 学習者：はい、行きました。
>
> 教　師：どうでしたか。
>
> 学習者：おいしかったですが、高かったです。
>
> ↓
>
> 役割変換

　過去のことについて話題を作り、そのうえで「どうでしたか」と感想を聞く会話で導入する。

　「どうですか」「どうでしたか」は感想、評価を含む説明を求める表現であり、客観的な形態の説明にはあまり使われない。学習者は、よく「そのカバンは大きいです」という答えを期待して、「そのカバンはどうですか」と質問することがあるので注意する。

GRAMMAR Ⅵ 　（第15課）

文法項目

動詞文4　授受動詞（あげます・もらいます）の基本的な文構造を学習する。

解説と注意点

あげます・もらいます

　授受動詞のうち、「あげます」と「もらいます」だけが学習すべき動詞として取り上げられている。「くれます」はGRAMMAR（教p.109）で紹介するにとどめた。「くれます」には用法に制限があるので混乱をさけ、この段階では、まず「あげます」と「もらいます」がきちんと使えるようにしておく。余力のある学習者には、「くれます」を加えて練習してもよい。

　文型としては、「あげます」は、第12課で学習した直接目的語と間接目的語との二つの目的語をとる文型「私は田中さんに電話をします」と同じ構造である。しかし、「もらいます」の方は、「〜にもらいます」の助詞「に」は、「〜にあげます」のように動作の行き先を示すものではなく、出所を導く新しい用法なので、注意を要する。

副教材のヒント　　6

　「あげます」「もらいます」の導入は、動作の方向が大切なので、動作の様子を表す絵よりも、実際にやりとりをする小物を用意した方がよい。身近にあるペンや時計でもよい。意味がわかったら、「誕生日にきれいな花をあげました」のような叙述や、Q＆Aをさせたりするために、物の授受を図解した絵を用意するとよい。

第15課　贈り物

学習目標　　**場面**　　物を贈ったり、贈られたりすることについて話す。

学習項目　　**文型**　　〔人〕は〔人〕に〔名詞〕をあげます
　　　　　　　　　　　　〔人〕は〔人〕に〔名詞〕をもらいます

指導例

1．文型「あげます／もらいます」

導入と練習

モデル→リピート

教　師：あげます。

　　　　本をあげます。えんぴつをあげます。

↓

叙述

↓

モデル→リピート

教　師：ビジーさんに本をあげます。

　　　　田中さんに本をあげます。

　　　　田中さんはスミスさんに本をあげます。

↓

叙述

↓

Q&A

　まず、教師が学習者に本を渡して「あげます」「本をあげます」と言い、未来の動作として「あげます」を導入する。渡し終わってから「あげました」と言い、過去の動作につい

ても練習する。いろいろな物を渡しながら言って聞かせ、学習者にも同様の動作をさせて言う練習をさせる。

　次に、人物カード（p.25参照）を机に並べ、その人物にあげる動作をし、話し手から第三者が別の第三者にあげる場合についても練習する。動作を叙述する練習に続いて「何をあげましたか」「だれにあげましたか」と動作の内容についてQ＆Aをする。ここで、「～さんは私にあげます」とは言わないことをよく理解させる。

導入と練習

モデル→リピート

学習者：本をあげます。

教　師：本をもらいました。

教　師：本をあげます。

学習者：本をもらいました。

教　師：ビジーさんに本をもらいました。

　　　　田中さんはスミスさんに本をもらいました。

↓

叙述

↓

Q＆A

　「あげます」と同じ動作をして、「もらいます」の視点で文をつくって導入する。物の行き先だけでなく出所も「に」で導かれることは、学習者には理解しにくい用法である。教師と学習者の間で実際に物を移動させながら、何度も練習することが大切である。教師と学習者間のやりとりについて混乱せずに言えるようになったら、第三者間の授受についても練習する。ここでも「田中さんは私にもらいます」と言わないことを理解させる。

　「くれます」については、教科書の説明を読ませるだけで練習しなくてもよい。

　「もらいます」の用法がわかったら、人物カードを使って授業動作を示し、その動作について、「あげます」「もらいます」の両方を使って「田中さんは何をもらいましたか」「だれがあげましたか」といろいろな角度からQ＆Aをする。授受動詞の使い方に慣れてきたら、授受した物がどんな物かについてQ＆Aし、第13課、第14課を復習する。

タスク練習

１．誕生日やクリスマスに授受した贈り物について説明する。

２．贈り物の授受について質問する。

GRAMMAR VII　（第16課と第17課）

文法項目

勧誘及び申し出の表現とその応答のしかたを学習する。

　　話し手が聞き手といっしょに行動する場合（第16課）

　　話し手または聞き手の一方のみが行動する場合（第17課）

解説と注意点

勧誘の表現

　　勧誘の表現として「～ましょう」「～ませんか」「～ましょうか」の３種類の文型を学習する。

　　第16課で学習する「～ませんか」と「～ましょうか」は、共に話し手が聞き手と一緒にすることについての勧誘である。第17課で学習する「～ませんか」は、聞き手だけがすることについて聞き手の意向を尋ねる表現で、「～ましょうか」は話し手が聞き手の意図をくんで何か行為を申し出る表現である。

副教材のヒント　7

　　勧誘や申し出の表現を導入、練習するときは、単に文を叙述させるための絵教材よりも、場面設定をするための副教材を用意することが大切である。誘っている様子がよくわかるような４コマ漫画や、申し出を促すような絵（暑がっている様子→「窓を開けましょうか」）などがあると練習させやすい。しかし、適当な絵がなければ、教師がその場で場面設定をして練習させればよい。その場合は、設定した場面の臨場感が増すように、旅行のパンフレットなどを用意するよい。

第16課　スキーに誘う

学習目標　　**場面**　食事や旅行などに誘う。

　　　　　　　　　　食事や旅行などの具体的な計画をたてる。

　　　　　　　　　　食事や旅行などに誘われ、それに応じたり断ったりする。

学習項目　　**文型**　～ませんか（話し手が聞き手といっしょに行動する）

　　　　　　　　　　～ましょう（話し手が聞き手といっしょに行動する）

　　　　　　　　　　～ましょうか（話し手が聞き手といっしょに行動する）

　　　　　　　助詞　に（スキーに行きます）

　　　　　　　表現　意向を聞かれて、応じる表現と断る表現

　　　　　　　　　　～はどうですか（提案）

指導例

1．文型「～ませんか／～ましょう（話し手が聞き手といっしょに行動する場合）」

導入と練習

導入会話

教　師：いい天気ですね。

　　　　　いっしょに公園に行きませんか。

教　師：（ええ、行きましょう。）

学習者：ええ、行きましょう。

教　師：映画をいっしょに見ませんか。

学習者：ええ、見ましょう。

教　師：あした、テニスをしませんか。

学習者：ええ、しましょう。

　↓

役割変換

　「～ませんか」はいきなり文を与えると、否定疑問文と混乱してしまう。そこで、はじめに場面設定をして、「話し手が聞き手といっしょに何かをしよう」と勧誘している場面だということを学習者によく理解させてから導入するようにする。

　この「～ませんか」は話し手が聞き手といっしょに行動することについての意向を尋ねているので、はじめは、「いっしょに」をつけて導入する。意味がわかったら、場面からわかる場合は「いっしょに」をつける必要がないことを説明し、「いっしょに」をつけない文でも練習する。第17課で聞き手だけの行動についての意向を問う「～ませんか」を学習するまでは、「いっしょに」がいつ必要になるのか理解しにくいので、第17課でもう一度確認した方がよい。

　「～ましょう」はいっしょに行動する気持ちを積極的に表すことを理解させる。導入会話の途中で学習者に答え方として「～ましょう」を与えて会話を完了する。

　この課から、文の表す内容が、絵や写真などで意味を理解させることができる客観的な内容ではなく話し手の気持ちにかかわるものが多くなる。したがって、教師はこれまで以上に場面設定を工夫する必要があるが、それでも不十分な場合は、英語でどう補足するかということも準備しておく必要がある。

２．誘いを受ける表現、断る表現

導入と練習

導入会話

学習者：川田さん、あした、テニスをしませんか。

教　師：ええ、しましょう。

学習者：川田さん、あした、テニスをしませんか。

教　師：残念ですが、都合が悪いです。
　　↓

役割変換

　学習者に意向を尋ねさせて、教師が受ける場合と断る場合のモデルを聞かせる。「残念ですが、都合が悪いです」は、はじめて言う場合は難しいので、あらかじめ発音練習をしておく。

　テニスや映画に誘う場合と、パーティー等で食べ物や飲み物を勧める場合では答え方が異なるので、両者は区別して教える。これは勧める相手が一人でする行動になるため、第17課で違いを整理した方がよい（p.104参照）。

　　教科書の114ページに、 acceptance と refusal として答え方の例が出ているが、それら
の英訳をうのみにして用いると適切でない場合も多い。「ぜひ」や「よろこんで」などは話
し手と聞き手の人間関係(上下関係、親しさ等)、受ける気持ちの強さなどによって受け答
えとしてふさわしいかどうか決まる。また、この課の「～ませんか」の答え方としては、
ここにある例以外にも、すでに学習した「はい、～ます」「ええ、いいですね」「ありがと
うございます」などが適切な場合もある。

　　教師は、以上の点に注意して、自然な会話例をたくさん用意して練習させることが大切
である。

３．文型「～ましょうか (話し手が聞き手といっしょに行動する場合)」

導入と練習

導入会話

教　師：今晩、いっしょに食事をしませんか。

学習者：ええ、しましょう。

教　師：何を食べましょうか。

学習者：中国料理を食べませんか。

教　師：ええ、そうしましょう。

　　↓

役割変換

　　「～ましょうか」は必ず疑問詞を伴った文で導入する。「～ませんか」は疑問詞を伴うこ
とができないことも確認しておく。教師の「何を食べましょうか」に対して、学習者が「中
国料理を食べましょう」と言ったら、「～ましょう」を使うとほかの提案がしにくくなるこ
とを理解させ、提案する場合は「～ませんか」が適切であることを理解させる。また、提
案する表現として、「～はどうですか」という表現があることも導入し、練習する。

タスク練習

１．友人をスポーツ、映画、食事などに誘い、日時、場所などについて決定する。

２．関係者の意向を聞いて会議の手配をする。

３．友人の意向を聞いて旅行の手配をする

　　ここまでの学習でこの課の学習目標はほぼ達成したと言えるが、「食事をしましょうか」
のような、疑問詞の伴わない聞き方はいつ用いるのかが問題となる場合がある。

　　この課では、話し手が聞き手といっしょに行動することについて、意向を求める場合の
聞き方として、次の三つが紹介されている。

①　食事をしましょう。

②　食事をしませんか。

③　食事をしましょうか。

①は、意向を求めているのではなく、行動を共にすることを積極的に呼びかけている表現である。学校の教室などで教師が生徒に「さあ、勉強しましょう」と言えば、生徒の答えは「はい」である。したがって、相手の誘いに対して積極的に答える場合にも使うことができるのである。②は、話し手の提案に対する聞き手の意向が白紙の状態で誘うときに用いる表現である。それに対して③は、話し手の提案に対して聞き手に何らかの準備がある場合に用いる表現である。例えば、街で見知らぬ女性をお茶に誘う男性が使うことばとして、「お茶でも飲みませんか」は使えても「お茶でも飲みましょうか」使えない。「飲みましょうか」は親しい間柄などで相手の意図を察したとき用いる表現である。

以上のように①②③にははっきりとした違いがある。この違いを理解して使えるようにするためには、単に場面を設定するだけでなく、話し手と聞き手の関係、意図などもはっきりさせて、どの表現をとるか選ばせなければならない。しかし、すべての学習者にその違いを理解させ、使い分ける練習をさせる必要はない。大切なことは、教師がこの違いをはっきりと理解し、学習者を混乱させないような場面設定をしたり、学習者の疑問点を解消したりできることである。

①②③の違いを意識して練習させるときは、以下のような絵を見せて気持ちの変化にそって学習者に発話させていくとよい。

第17課　招待をする

学習目標　**場面**　自宅に来ることを誘う。

人のために何かをすることを申し出る。

誘いや申し出を受けたり、断ったりする。

学習項目　**文型**　～ませんか（聞き手だけが行動する）

～ましょうか（話し手だけが行動する）

指導例

1．文型「～ませんか（聞き手だけが行動する場合）」

導入と練習

導入会話

教　師：あした、うちでパーティーをします。

スミスさん、来ませんか。

学習者：ええ、よろこんで。

教　師：ビジーさん、コーヒーを飲みませんか。

学習者：ええ、いただきます。

教　師：ビジーさん、このお菓子を食べませんか。

学習者：いいえ、けっこうです。

↓

役割変換

聞き手だけが行動する場合は、この場合の「来ます」のように、いっしょに行動することが不可能な動詞を選んで導入するとわかりやすい。ほかに、「ええ、ぜひ」「ええ、行きます」などの答え方や、「残念ですが、都合が悪いです」「すみませんが、あしたは忙しいです」などの断り方も練習する。

２．文型「～ましょうか（話し手だけが行動する場合）」

導入と練習

導入会話

教　　師：寒いですね。

学習者：ええ、寒いですね。

教　　師：窓を閉めましょうか。

学習者：ええ、お願いします。

教　　師：コピーをしましょうか。

学習者：ええ、お願いします。

教　　師：何枚しましょうか。

学習者：5枚、お願いします。

　　↓

役割変換

　はじめに「寒い」「暑い」「開けます」「閉めます」などの新出語を導入し、それを使って申し出をする場面を作って導入する。教師の「閉めましょうか」に対して、学習者が「ええ、閉めましょう」と答えたら、いっしょに窓を閉めるのでなければ、答え方としては「お願いします」がふさわしいことをよく理解させて練習する。

　さらに、「コピーをしましょうか」「何枚しましょうか」等、場面を発展させて練習する。

タスク練習

１．パーティーに友人を招待し、食べ物や飲み物を勧める。

２．事務所でいろいろな人に手伝いを申し出る。

GRAMMAR VIII　（第18課）

文法項目

所有や出来事などいろいろな意味に使われる「あります」の文構造を学習する。

解説と注意点

１．所有を表す動詞「あります」

　何かを持っている、所有しているという意味で用いられる「あります」の用法を学習する。具体的な物だけでなく、「時間があります」のように抽象的なものや、「子供があります」のように人についても使うことができる。実際の言語生活では、人については「います」を使う傾向もみられる。

２．行事や出来事を表す動詞「あります」

　パーティーや会議などが行われる、という意味で用いられる「あります」の用法も学習する。第８課、第９課で学習した所在、存在の場所は助詞「に」によって導かれたが、行事や出来事が行われる場所は、助詞「で」によって導かれる。同じ動詞「あります」を使いながら異なった助詞が使われるので、注意を要する。

> 副教材のヒント　8
> 　第18課では、文型よりも、所有物、家族、スケジュールなどの語彙を練習するための副教材が必要である。いろいろな人のスケジュール表、家族構成図などを用意するとよい。

第18課　映画に誘う

学習目標　　**場面**　　持ち物や家族構成について話す。
　　　　　　　　　　　行事や出来事について話す。

学習項目　　**文型**　　〔名詞〕があります（物の所有／家族構成／行事予定）
　　　　　　助詞　　で（行事が行なわれる場所）

指導例

1．文型「～があります（行事）」

```
導入と練習
モデル→リピート
教　師：田中さんはきょう、会議があります。
　　　　あした、パーティーがあります。

↓

叙述
```

　「田中さんのスケジュール表」を見ながらモデルを聞かせ、意味をよく理解させる。文型は存在文と同じなので、すぐに叙述練習に入ることができる。

2．助詞「で（行事が行われる場所）」

```
導入と練習
モデル→リピート
教　師：東京ホテルでパーティーがあります。
　　　　ＡＢＣで会議があります。

↓
```

叙述練習

　指導例1と同じようにスケジュール表を見ながら導入、練習する。場所を加えて言うことに慣れたら、「～時から」「～時まで」など、時間についての情報を加えて叙述する練習をする。

Q&A

教　　師：会議はどこでありますか。

学習者：ＡＢＣであります。

教　　師：何時からありますか。

学習者：4時からあります。

　疑問詞を用いてＱ＆Ａをする。

3．文型「～があります（家族構成／所有）」

導入と練習

モデル→リピート

教　　師：田中さんは子供が二人あります。

　　　　　スミスさんは子供が一人あります。

↓

叙述

↓

導入会話

教　　師：映画の切符が2枚あります。

　　　　　今晩、いっしょに行きませんか。

学習者：ええ、ぜひ。

↓

役割変換

　家族の呼び方は、家族構成図を見ながら導入する。所有は会話で導入する。所有については、「切符」「車」のように具体的な物から始め、だんだん「時間」「休み」のように抽象的なものについて会話練習を進めていくと、指導例1の「〔行事〕があります」にも自然につながっていく。

タスク学習

１．自分の家族構成について説明する。

２．自分の一週間の予定について説明する。

GRAMMAR IX　（第19課〜第27課）

文法項目

動詞の-te form と-nai form を使った文型を学習する。

　　　-te form を使った文型

　　　　「京都に行っ<u>て</u>、古いお寺を見ます」　　　（第19課）

　　　　「うちに届け<u>てください</u>」　　　　　　　　（第20課）

　　　　「テレビをつけ<u>てもいいですか</u>」　　　　　（第23課）

　　　　「スライドを見<u>ています</u>」　　　　　　　　（第25課）

　　　　「ニューヨークに住ん<u>でいます</u>」　　　　　（第27課）

　　　-nai form を使った文型

　　　　「車を止め<u>ないでください</u>」　　　　　　　（第24課）

解説と注意点

1．動詞の活用

　　ここではじめて動詞のグループ分けが紹介されている。GRAMMAR（教 p.131）に書かれているように JBP では、まず、動詞を規則動詞と不規則動詞に分け、「します」「来ます」を"Irregular"とし、それ以外のすべての動詞を"Regular"としている。さらに、"Regular"を二つに分け、いわゆる五段動詞を"Regular I"とし、kakanai, kakimasu, kaku, kakeba, kakō という活用を持つため、"Five-vowel conjugation"という名も添えている。いわゆる一段動詞を"Regular II"とし、"Single-vowel conjugation"とも呼んでいる。なお、終止形（辞書形）と連体形は形が同じなので、一つにまとめ五つの活用として、それに-te form (kaite) と-ta form (kaita) を加えて七つの形を示している。動詞の活用の種類により分類されたこの呼び名は、教科書により様々であるが、JBP の学習者には"Regular I"、"Regular II"と教科書通りに呼ばないと混乱を招く。

　　この七つの動詞の活用のうち JBP I では、-masu form と-te form と-nai form の三つを学習する。ただし、動詞の全体像を見せるため、残り四つの形（-ta form, dictionary form, conditional form, volitional form）も紹介されている。詳しくは JBP II 第3

課の GRAMMAR & LESSON OBJECTIVES（教 p. 27）で解説される。しかし、JBP I の各課の Vocabulary では dictionary form が -masu form の後に併記されている。これは -masu form のほかに辞書に載っている基本となる形があるということを示している。

"Regular I"   ＊は JBP I には出てこない動詞

行	-nai form	-masu form	dictionary form	conditional form	volitional form	-te form	-ta form
あ か が さ	かかない ＊いそがない ＊はなさない	かきます いそぎます はなします	かく いそぐ はなす	かけば いそげば はなせば	かこう いそごう はなそう	かいて いそいで はなして	かいた[13)] いそいだ はなした[14)]
ざ た だ な は	またない ＊ しなない	まちます しにます	まつ しぬ	まてば しねば	まとう しのう	まって しんで	まった しんだ[15)]
ば ぱ ま や ら	＊あそばない のまない かえらない	あそびます のみます かえります	あそぶ のむ かえる	あそべば のめば かえれば	あそぼう のもう かえろう	あそんで のんで かえって	あそんだ のんだ かえった[16)]
わ	いわない	いいます	いう	いえば	いおう	いって	いった

＊あ・ざ・だ・は・ぱ・や行で活用変化する Regular I 動詞は存在しない。

"Regular II"

たべない みない	たべます みます	たべる みる	たべれば みれば	たべよう みよう	たべて みて	たべた みた

"Irregular"

しない こない	します きます	する くる	すれば くれば	しよう こよう	して きて	した きた

注　13）　か行で活用変化する Regular I 動詞のうち、「行く」の -te form, -ta form は、い音便化せ
　　　　　ず、「行って、行った」と促音便形になる
　　　14）　さ行で活用変化する Regular I 動詞の -te form, -ta form は音便変化せず、「話して、話し
　　　　　た」「消して、消した」となる。
　　　15）　な行で活用変化する Regular I 動詞は、「死ぬ」一語だけである。
　　　16）　ら行で活用変化する Regular I 動詞のうち、「ある」の -nai form は「あらない」でなく、
　　　　　「ない」となる。

2．-te form と -nai form

　　-te form と -nai form の作り方の規則は、JBP I では紹介されていない。JBP II の
第 4 課の GRAMMAR & LESSON OBJECTIVES（教 p. 34）に、-masu form から
の -te form の作り方が解説されている。教師の参考までに作り方の規則を示しておく。

＊は JBP I には出てこない動詞

-te form の作り方　　☆は例外

"Regular I"

1．ーいて	ーきます	かきます	かいて
		ききます	きいて
ーいで	ーぎます	＊およぎます	およいで
		＊いそぎます	いそいで
2．ーって	ーちます	まちます	まって
		＊もちます	もって
	ーります	かえります	かえって
		のります	のって
	ーいます	いいます	いって
		かいます	かって
	☆	いきます	いって
3．ーんで	ーにます	＊しにます	しんで
	ーびます	＊あそびます	あそんで
		＊よびます	よんで
	ーみます	のみます	のんで
		よみます	よんで
4．ーして	ーします	けします	けして
		＊はなします	はなして

"Regular II"

	たべます	たべて

みます	みて

"Irregular"

します	して
きます	きて

副教材のヒント　9

　動詞の活用は、音声で導入した方がよいが、文字でも確認する必要がある。動詞別のフラッシュカードや活用表を用意するとよい。

　いろいろな場面については、この段階では、あまり絵カードに頼らずに日常的な会話に応用できるように口頭練習を重ねることが大切であるが、導入の段階で構造や意味をはっきりさせたり、場面を広げたりするために、以下のような教材を用意するとよい。

　第19課では、行動の順番がはっきり示せるような絵カードやスケジュール表があると、動詞を-te form で結んだり、「～の前に」「～の後で」を理解させたり、練習させたりするのに便利である。

　第20課、第21課では、タクシーの指示を練習させるために、簡単な道順の図解や注文する物を示した絵カードなどを用意するとよい。

　第22課では、交通機関の利用について説明するために、ある場所からある場所までどんな交通機関を利用して行ったか図解したものや、飛行機や列車の時刻表を用意するとよい。

　第23課、第24課は、許可を求めたり、それに応答する練習をするのに必要な場面を設定するための絵教材を用意するとよい。

　第27課では、いろいろな人物について住所や職業がわかるカードを用意すると、叙述練習を数多くすることができる。第1課で使用したものと同じ人物カードを使うと、同じカードについて話しても、ずっと複雑な表現ができるようになっていることを学習者が自覚できてよい。

第19課　予定を話す

学習目標	**場面**	行動の順番について話す。
		行動の継続時間や期間について話す。
学習項目	**文型**	～て～
		〔時間〕～します
		〔時刻〕から〔時刻〕まで～します
		～の後で～します
		～の前に～します
	助詞	が（新情報の提示）
	疑問詞	どのぐらい
	その他	時間の長さ（～時間／～週間）
		～だけ

指導例

1．文型「～て」

導入と練習

モデル→リピート

教　師：あした、新宿に行きます。

　　　　新宿に行って、映画を見ます。

　　　　新宿に行って、買い物をします。

↓

叙述

↓

会話練習

教　師：あした、どこに行きますか。

```
学習者：東京ホテルに行きます。
教　師：東京ホテルに行って、何をしますか。
学習者：ホテルに行って、友達に会います。
       ↓
役割変換
```

　-te form は、作り方について何も説明せずに導入する。学習者が「行きます」と「行って」の関係を理解するまで何回もモデルを聞かせ、理解したらリピートさせる。叙述練習は、絵カードで場所と動作を示し、「～に行って、～します」の形を練習させる。一度にいろいろな動詞の-te form を導入するよりも、まず、「行って」について徹底的に練習しておく。ここで「行って」が定着してしまえば、後で-te form の作り方を学習してからも例外である「行って」を間違えずにすむ。

```
導入と練習
モデル→リピート
教　師：新宿に行って、映画を見ます。
　　　　映画を見て、晩御飯を食べます。
　　　　晩御飯を食べて、家に帰ります。
　　　　あした、新宿に行って、映画を見て、晩御飯を食べます。
       ↓
叙述
```

　次に、-te form の作り方がやさしい Regular II の動詞を練習する。ここで、動作をした順につなげること、原則としていくつつなげてもよいが、三つぐらいまでが適当であることを理解させる。

　動詞の活用規則の学習は、学習者によって時期を考える。ここまでに学習した動詞の数では、Regular I の活用規則は理解しにくい。この課では規則を考えずに-te form を覚えさせるようにし、活用規則の学習は24課の -nai form の学習まで待った方がよい。なぜなら、ある動詞が Regular I であるか Regular II であるかは、-nai form からの方がはっきり判断できるからである。-te form は、作り方がやさしい Regular II から練習し、Regular I は、音便変化が同じ物をまとめて練習し、口を慣らしていくようにする。

2．文型「〔時間・期間〕～ます」

```
導入と練習
モデル→リピート
```

> 教　師：ブラウンさんは去年の６月に日本にきました。
> 　　　　そして、来年の６月にアメリカに帰ります。
> 　　　　ブラウンさんは去年の６月から日本にいます。
> 　　　　来年の６月まで日本にいます。
>
> ↓
>
> 叙述
>
> ↓
>
> Q＆A
>
> 教　師：ブラウンさんはいつからいつまで日本にいますか。
> 学習者：去年の６月から来年の６月まで日本にいます。

　いろいろな人物の日本での滞在予定表、出張旅程表などを用意し、それを見ながら、まず「来ました」「帰ります」で予定を確認する。次に、「〔期間〕います」の形で言い直して導入する。Q＆Aでは、予定表を見ながら練習するだけでなく、教師が音声だけで「〜に日本に来ました。そして〜に帰ります」と言って聞かせ、それについて「いつからいつまで日本にいますか」と質問すると、聞き取りの練習にもなる。

３．文型「〜の前に／〜の後で」

> 導入と練習
>
> モデル→リピート
>
> 教　師：ブラウンさんは８時から９時まで日本語の勉強をします。
> 　　　　そして、９時から仕事をします。
> 　　　　ブラウンさんは仕事の前に日本語を勉強します。
>
> 　　　　ホワイトさんは５時まで仕事をします。
> 　　　　そして、５時から７時まで日本語を勉強します。
> 　　　　ホワイトさんは仕事の後で日本語を勉強します。
>
> ↓
>
> 叙述
>
> ↓
>
> Q＆A

　指導例２と同じように、１日の予定表を見ながら導入、練習し、その後、聞き取りの練習もする。「前に」と「後で」とは助詞が異なるので注意する。

4．文型「〔数量〕～ます」

導入と練習

モデル→リピート

教　師：ブラウンさんは8時から9時まで日本語を勉強します。

　　　　ブラウンさんは1時間勉強します。

↓

叙述

↓

Q&A

教　師：ホワイトさんはどのぐらい日本語を勉強しますか。

学習者：2時間勉強します。

　これまでに、「〔数量〕ください」「〔数量〕あります」の文型を学習しているので、この文型はすぐ理解できる。「どのぐらい」という質問の仕方をよく練習させる。

5．～だけ

導入と練習

モデル→リピート

教　師：田中さんは月曜日から土曜日まで仕事をします。

　　　　休みは日曜日だけです。

　　　　スミスさんは毎日2時間日本語を勉強しますが、きょうは1時間だけ勉強します。

↓

叙述

　スケジュール表を見て、「～だけ」を使うのにふさわしい事柄を選んで練習する。

6．助詞「が（新情報の提示）」

導入と練習

モデル

教　師：きのう大阪から山田さんが来ました。

　　　　山田さんは日曜日まで東京にいます。

117

```
      ↓
 叙述
```

　「が」が新情報を提示することは第9課でも学習している。しかし、第９課の段階では、新しい情報を提示してそれを主題化して話すには、文型や語彙が不足していた。ここでもう一度、「は」と「が」の使い方をよく練習しておく。導入は第19課の本文会話を利用してもよい。

　この叙述練習は、教師が場面を与えるよりも、教師がたくさんモデルを聞かせて、話の進め方を学習者に理解させ、学習者にも自分のまわりの出来事について話させるようにするとよい。

タスク練習
1．自分のスケジュールについて説明する。
2．教師のスケジュールについて質問する。

第20課　依頼と注文

学習目標	**場面**	人にいろいろな動作を依頼する。
学習項目	**文型**	～てください
		～を右／左に曲がってください
		～までに
	その他	住所の言い方
	表現	～をお願いします

指導例

1．文型「～てください」

```
導入と練習
教師の指示どおり動作する
教　師：ドアを開けてください。
学習者：（動作）
教　師：ドアを閉めてください。
学習者：（動作）
教　師：名前を書いてください。
学習者：（動作）
```

　「～てください」の形に耳から慣れさせるために、教師の指示を聞いて学習者がそのとおりに動作をする練習をする。「ください」は「～をください」で学習しているので、「～てください」の意味は理解させやすいが、動詞の -te form が聞き分けられずに、指示どおりに動作ができない場合が多い。その場合は、教師が動作をして見せて、学習者にどの動詞か考えさせるとよい。いろいろな動詞を使って動作をさせて「～てください」に慣れてきたら、次は学習者に指示をさせる。-te form がうまく作れないときは、もう一度第19課の

要領で-te formの復習をする。

2．よく使う表現

導入と練習

モデル→リピート

教　師：ちょっと待ってください。

　　　　ゆっくり言ってください。

　　　　もう一度言ってください。

　　　　すみません、もう一度言ってください。

　よく使う表現はそのままひとかたまりで練習しておく。

　新出の動詞は、「～てください」の形で導入してから、「～ます」の形を考えさせるのもよい。

3．文型「～をお願いします」

導入と練習

モデル→リピート

教　師：コピーをお願いします。

　　　　メニューをお願いします。

↓

役割練習

学習者：サンドイッチをお願いします。

↓

モデル→リピート

教　師：コピーを2枚お願いします。

　　　　コーヒーを二つお願いします。

　　　　コーヒーとケーキをお願いします。

↓

役割練習

学習者：サンドイッチとサラダをお願いします。

　「お願いします」は第12課、第17課で学習しているので意味はすぐ理解できるが、ここでは、いつでも「～てください」の代わりに使えるのではなく、動作の内容がはっきりし

ているときだけ使うことを理解させる。また、「～<u>を</u>お願いします」と助詞が残ることもよ
く理解させる。

　内容はだんだん複雑にしていく。学習者に文を作らせるときは、内容を絵などで与えた
方が必要な練習が十分にできてよい。その後で自分の好きなものを注文させる。「喫茶店」
「レストラン」「ファーストフード店」「居酒屋」などの場面でいろいろな物を注文する練
習をするとよい。

４．配達の注文

```
導入と練習
モデル→リピート
教　師：届けてください。
　　　　ビールを届けてください。
　　　　ビールを10本届けてください。
↓
役割練習
```

　基本的な注文のしかたを練習したら、いろいろな内容の注文をさせる。「もってきてくだ
さい」も同じように練習する。注文する内容もはじめは教師が与える。

５．～までに（時間の指定）

```
導入と練習
導入会話
教　師：何時に届けましょうか。
学習者：6時に届けてください。
教　師：何時までに届けましょうか。
　　　　（6時までに届けてください。）
学習者：6時までに届けてください。
```

　「までに」と「まで」を混同しないように、「6時まで勉強します」「6時までに届けま
す」など、動詞の意味で違いがはっきりする例をあげてQ＆Aなどで確認する。ここで、
「6時にお願いします」「6時までにお願いします」も可能であることを紹介して練習する
と、「お願いします」を使うときに助詞が残ることを理解させやすい。

6．住所の言い方

導入と練習

導入会話

教　師：ご住所をお願いします。

学習者：西麻布4の12の24です。

　学習者に自分の住所を言わせてみて不適切な言い方を直す。英語等の場合と違って住所は大きい区域から言っていくことを理解させ、練習する。

　ここまで練習したら、注文の会話をはじめから役割練習する。この会話練習では、単に「～を届けてください」だけを繰り返すのではなく、「6時までにお願いします」のように「お願いします」も混ぜて使えるようにする。

タスク練習

1．パーティーを開くために必要なものを注文する。

2．デパートで買った物の配達を依頼する。

7．タクシーの指示

導入と練習

モデル→リピート

教　師：まっすぐ。右。左。

教　師：まっすぐ行ってください。
　　　　右に行ってください。
　　　　左に行ってください。

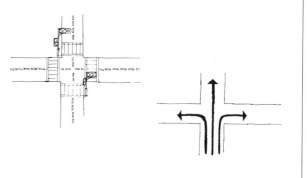

教　師：交差点。角。信号。

教　師：曲がってください。
　　　　右に曲がってください。
　　　　角を曲がってください。
　　　　次の角を曲がってください。
　　　　次の角を右に曲がってください。

教　師：止めてください。
　　　　駅の前で止めてください。
　　　　駅の手前で止めてください。

（駅のむこうで止めてください。）

↓

役割練習

　まず必要な語（名詞）を定着させる。次に動詞を導入し、だんだん長い文にしていく。言っていることを道路図ではっきり確認しながらリピートさせる。リピートできるようになったら、教師は図に矢印などで指示を書き、学習者に指示を言わせる。

　最後に、地図に2、3回曲がってから目的地に行くような道順を書き入れて、「～に行ってください、～を～に曲がってください、～で止めてください」などの指示をする練習をする。学習者の必要に応じて、「橋、坂、歩道橋」など、必要な語を加え、実際の場面も想定して練習する。

　タクシーの場合、実際の場面では、素早い指示が要求されるので、地図上を車に見立てたものをどんどん走らせながら、あらかじめ決めた目的地まで指示させると臨場感があってよい。

第21課　タクシー・クリーニング店の利用、
レストランの予約（復習）

　第20課の、「配達の依頼」「タクシーに乗ったときの指示」の要領で各会話を練習する。どの会話も実用的なので、ロールプレイが確実にできるようになるまで十分に練習する。

　ほかに、「旅行代理店」「写真屋でのプリント依頼」などの場面についてもタスク学習をするとよい。

第22課　交通機関の利用

学習目標　**場面**　目的地まで利用する交通機関について話す。
　　　　　　　　　　目的地までの移動スケジュールについて話す。

学習項目　**助詞**　に（到達点）
　　　　　　　　　　を（出発点・通過点）
　　　　　　動詞　〔時間〕かかります
　　　　　　疑問詞　どうやって
　　　　　　その他　～ぐらい

指導例

1．文型「〔場所〕を〔動詞〕」「〔場所〕に〔動詞〕」

導入と練習
モデル→リピート
教　師：乗ります。降ります。
　　　　　バスに乗ります。バスを降ります。
　　　　　会社に着きます。会社を出ます。

↓
叙述

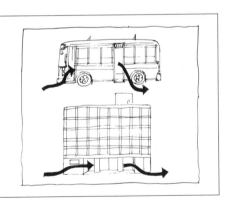

　絵カードで「乗ります」「降ります」と場所の関係を示しながら導入する。「出ます」「入
ります」「着きます」でも練習し、出発点が助詞「を」をとり、「帰着点」が助詞「に」を
とることを理解させる。

導入と練習
モデル→リピート

教　師：地下鉄に乗ります。

　　　　銀座で地下鉄に乗ります。

　　　　地下鉄を降ります。

　　　　青山で地下鉄を降ります。

　　↓

叙述

学習者：銀座で地下鉄に乗って、青山で降ります。

　　↓

叙述

　交通機関の路線図などを示しながら導入する。「～に乗ります」「～で降ります」をよく練習してから、その動作をする場所をよく意識させて、「～で～に乗ります／降ります」を練習するとよい。

　この文型は助詞を間違えやすいので、いろいろな場所や乗り物で十分に練習する。「成田で飛行機に乗って、ロンドンで降ります」「家の前でタクシーに乗って、駅の前で降ります」など、今までに学習した文型を組み合わせていろいろな文を作らせる。

　「～て」でつなぐ練習は、教師がモデルを与えずに、学習者に直接考えて作らせる。

導入と練習

モデル→リピート

教　師：家を出ます。8時に家を出ます。

　　　　会社に着きます。9時に会社に着きます。

　　↓

叙述

学習者：8時に家を出て、9時に会社に着きます。

叙述

　　↓

Q＆A

教　師：ひかり112は何時に東京を出ますか。(新幹線の時刻表を見ながら)

学習者：9時に出ます。

教　師：何時に大阪に着きますか。

学習者：12時に着きます。

　Q＆Aは時刻表を見ながら行う。

飛行機の時刻表を使うと「～日の午後～時に～に着きます」など、複雑な文を練習することができる。また、時刻表によく出てくる「19時」のような言い方も練習しておくとよい。

2．文型「〔場所〕から〔場所〕まで〔時間〕かかります」

文型導入

モデル→リピート

教　師：家から銀座までバスで20分かかります。

　　　　銀座から青山まで地下鉄で10分かかります。

↓

叙述

↓

導入会話

教　師：銀座から青山まで地下鉄でどのぐらいかかりますか。

学習者：10分かかります。

↓

役割変換

「新幹線で」「飛行機で」など、いろいろな乗り物でいろいろな場所から場所までかかる時間について叙述、Q＆Aで練習する。

3．疑問詞「どうやって（経路の説明）」

導入と練習

モデル→リピート

教　師：田中さんは家から青山まで歩きます。

　　　　青山で地下鉄に乗って、銀座で降ります。

　　　　銀座から会社まで10分ぐらい歩きます。

↓

叙述

↓

導入会話

教　師：スミスさんはどうやって会社に行きますか。

学習者：家から渋谷駅まで歩きます。

　　　　渋谷で地下鉄に乗って、青山で降ります。

青山から会社まで5分ぐらい歩きます。

教　師：家から会社までどのぐらいかかりますか。

学習者：30分ぐらいかかります。

↓

役割変換

　まず、教師が路線図、東京の地図などを使って、家から会社までの経路を説明する。学習者には、まずそれをリピートさせ、次に、経路を指示して説明させる。学習者がうまく説明できないときは、図示して、文の区切りごとに練習し、最終的に全部言わせるようにする。

第23課　許可を求める

学習目標　　**場面**　　人に許可を求める。

学習項目　　**文型**　　～てもいいですか

指導例

1．文型「～てもいいですか」

> 導入と練習
> 導入会話
> 教　師：ドアを閉めてもいいですか。
> 学習者：はい、どうぞ。
> ↓
> 役割変換

　授業をする部屋のドアを開けておくなど、「～てもいいですか」を導入しやすい場面を作って導入するとよい。場面だけで意味がつかみにくい場合は、課のタイトルを示す等で確認する。

　-te form が十分に定着していない学習者の場合は、「～てもいいですか」の形で練習を始めると負担になるので、先に、「いいですか」「ええ、どうぞ」ですむやりとりを練習する。例えば、座りたい場所を指して「いいですか」と聞くような場面を設定するとよい。このやりとりはよく行われるので実際の場面に応用させやすく、また、「いいですか」の意味と使う場面をよく理解させることができる。そのうえで-te form の確認をしながら、「～てもいいですか」の形で練習するとよい。

　学習者は質問のままに「はい、開けてもいいです」と答えやすいが、この表現は「上位の者が下位の者に許可を与える」というニュアンスがあり、そういう関係でない場合は、

「はい、どうぞ」と答えるのが自然である。この違いは、場面をはっきり区別して理解させる必要がある。例えば、店で店員に「このテレビをつけてもいいですか」と尋ね、「ええ、どうぞ」と答える場面と、部下が上司に、「あした、休んでもいいですか」尋ね、「ええ、いいですよ」と答える場面を設定して練習すると違いがはっきりする。

導入と練習

導入会話

学習者：この部屋を使ってもいいですか。

教　師：いいえ。すみませんが、私が使います。

学習者：ここに車を止めてもいいですか。

教　師：さあ、わかりません。

↓

役割変換

　学習者に「〜てもいいですか」を使っていろいろな質問をさせ、わからない場合、断る場合の応答のしかたを導入する。

　「〜ないでください」というはっきりとした断り方は第24課で学習するが、実際の場面では「〜ないでください」よりも上記のような受け答えの方が適当である場合が多い。これまでに学習した文型や語彙を使って断る工夫ができるように、いろいろな場面を想定して練習する。

タスク練習

友人宅を訪問し、友人にいろいろなことをしてもいいかどうか尋ねる。

　（例）　写真を見てもいいですか。

　　　　このコーラを飲んでもいいですか。

第24課　禁止する

学習目標	**場面**	許可の求めに対してはっきりと断る。
		禁止する。
学習項目	**文型**	〜ないでください
	表現	もしもし（呼びかけ）
		すみません（謝罪）

指導例

1．文型「〜ないでください」

導入と練習

モデル→リピート

教　師：窓を開けないでください。

　　　　窓を閉めないでください。

　　　　車を止めないでください。

　　　　タバコを吸わないでください。

　絵カードや場面などで、その行動を禁止していることを理解させながら、教師が「〜ないでください」をたくさん言って聞かせる。

　次に、Regular IIの動詞を選んで学習者に与え、「〜ないでください」と言わせる。Regular Iについてはリピートをさせて口慣らしをさせる。

導入と練習

モデル→リピート

教　師：書きます。書かないでください。

　　　　聞きます。聞かないでください。

> 　　　　　歩きます。歩かないでください。
> （-nai form を作る練習）
> 教　師：行きます。
> 学習者：行かないでください。

　Regular Ⅰの規則を理解させるためには、50音図になじんでいることが前提となるので、そうでない場合は、文字や発音の練習を兼ねて先に50音図をよく復習しておく。

　50音図を復習したら、上記のように行ごとにまとめて練習していき、学習者に自分で規則を発見させるようにする。口頭練習で規則の概略をつかんだら、活用表を作って確認させる。

　この教科書を終えてからさらに上のレベルへ学習を進めていく場合は、動詞の活用の基礎をここでしっかりと理解させておく必要がある。活用表で確認するときは、-nai form だけでなく-te form についても確認しておくとよい。

　この教科書の範囲内のみの学習をする学習者の場合や、この段階で活用規則を理解するのに時間がかかる学習者の場合は、規則の学習に時間をさかない方がよい。この教科書に出てくる動詞は数が限られているので、その中から、「～ないでください」の形を用いる動詞について繰り返し練習して覚えさせてしまった方がよい。

２．禁止／許可の求めの断り方

> 導入と練習
> 導入会話
> 教　師：ここに車を止めないでください。
> 　　　　ここは駐車禁止ですから。
> 学習者：どうもすみません。
>
> 学習者：ここに車を止めてもいいですか。
> 教　師：いいえ、止めないでください。
> 　　　　入り口の前ですから。
> 　↓
> 役割変換

　「～ないでください」がはっきりとした禁止の表現であることを理解させるために、警官や美術館の係員との会話を設定して導入する。JBP Ⅰの p.18 にある「禁煙」「右折禁止」などのサインをここで学習し、必要な動詞を補って練習するとよい。

　許可の求めに対する断り方としては、第23課で学習した理由だけを言う柔らかい言い方

を復習した上で、もう少しはっきり言う場合として上記の断り方を導入する。

タスク練習

1．アパートの管理人になってほかの住人に迷惑がかかる行為をしている人に対して注意する。

2．病院の看護婦になって病院内で迷惑がかかる行為をしている人に対して注意する。

3．ルールについて話す

導入と練習

導入会話

学習者：地下鉄の中でタバコを吸ってもいいですか。

教　師：いいえ、だめです。

学習者：新幹線の中でタバコを吸ってもいいですか。

教　師：はい、いいです。

↓

役割変換

　ルールについて話す場合の答え方として、「だめです」を導入する。単に許可を求められた場合の答え方として「だめです」を練習すると、学習者は安易に使いすぎてぶっきらぼうな印象を与える恐れがあるので注意する。

タスク練習

1．日本の飲酒、喫煙に関する規則を質問する。また、自分の国の場合について質問に答える。

2．新入社員になって、会社の就業規則について先輩に質問する。また、新入社員の質問に答える。

第25課　進行中の動作・行為を述べる

学習目標　**場面**　進行中の動作について話す。

学習項目　**文型**　～ています（進行中の動作）

　　　　　表現　どうも

指導例

1．文型「～ています（進行中の動作）」

> 導入と練習
>
> モデル→リピート
>
> 教　師：今、本を読んでいます。
> 　　　　今、手紙を書いています。
>
> ↓
>
> 叙述
>
> ↓
>
> Q&A
>
> 教　師：ブラウンさんは今、何をしていますか。
> 学習者：手紙を書いています。
> 教　師：どこで手紙を書いていますか。
> 学習者：ブラウンさんの部屋で書いています。

　まず、教師が実際に動作をしながら「～ています」の意味を導入する。次に教師の動作を学習者に叙述させる。さらに、動作をしている絵や写真を見せて叙述させる。「～ています」の形と意味に慣れたら動作の内容、場所についてQ&Aをする。

2．〜ていました

```
導入と練習
モデル→リピート
教　師：田中さんは昨日の午後、1時から2時まで会議をしていました。
　　　　スミスさんは土曜日の晩9時から10時までテレビを見ていました。
　　↓
叙述
　　↓
Q&A
```

「〜ていました」は、「〜ました」と混乱する恐れがあるので、「〜時から〜時まで」のように時間を特定して練習する。さらに、アリバイを尋ねる刑事との会話のような場面を設定して練習するとよい。

3．文型「〜ています（習慣的に繰り返される動作）」

```
導入と練習
モデル→リピート
教　師：田中さんは毎朝ジョギングをしています。
　　　　田中さんは毎日英語を勉強しています。
　　↓
叙述
　　↓
Q&A
```

「毎〜」のことばを補って意味をはっきりさせて導入する。
「今、何をしていますか」の質問には、「実際にその時点で何をしているか」と「毎日何をしているのか（仕事は何か）」と二つの意味があることも理解させる。

```
タスク練習
1．家族が今何をしているか説明する。
2．健康のためにしていることについて話す。
```

第26課　パーティー

　ひと続きの長い会話なので、全体を聞かせたり、読ませたりして内容を把握させる練習をする。

　内容や語句の意味が理解できたら、「パーティーに招待する」「プレゼントを渡す」「パーティーを辞去する」など場面を細かく区切って練習する。

　最後に、花やワインのビンに見立てたものを使って身体を動かしながら役割練習をしておくと、実際の場面で応用しやすい。

第27課　家族について話す

学習目標　**場面**　現在の状態について話す。
　　　　　　　　　家族や知人の住んでいる所や勤め先などについて話す。

学習項目　**文型**　～ています（結果の継続）
　　　　　　助詞　に（～に勤めています／住んでいます）
　　　　　　その他　家族・親族の呼び方

指導例

1．文型「～ています（動作結果の継続）」

> ### 導入と練習
>
> モデル→リピート
>
> 教　師：田中さんは結婚します。
> 　　　　田中さんは結婚しました。
> 　　　　田中さんは結婚しています。
> 　　↓
> 叙述
>
>

「～します」「～しました」「～しています」の関係がよくわかるような絵カードを見せながら導入する。

「動作の進行」と「動作結果の継続」との違いをよく理解させるためには、「着ます」「着ています（進行）」「着ました」「着ています（結果の継続）」のような四つの時制がはっきり表れる動詞で実際に動作をして見せるとよい。「～ている」は二つの側面を表し、どちらを表すかは、動詞の性格、場面による。しかし、以上のことをよく理解させるためには、この段階では学習した動詞の種類が不足している。この課では、結果の継続でよく使われる動詞表現が取り上げられているので、それが使えるように練習するだけでもよい。

137

２．行っています／来ています

```
導入と練習
モデル→リピート
教　師：田中さんは大阪に行きました。
　　　　今、大阪に行っています。
　　　　ホワイトさんは日本に来ました。
　　　　今、日本に来ています。
　　　↓
叙述
```

　「行っています」「来ています」は導入に用いると「動作の進行」と混同しやすいので、ほかの動詞で導入してから練習する。この文型を使うとスケジュール表についてより複雑な表現ができるようになるので、これまでに用いたスケジュール表を使って叙述やQ＆Aを行うとよい。

３．住んでいます／勤めています

```
導入と練習
モデル→リピート
教　師：田中さんは東京に住んでいます。
　　　　田中さんは東京電機に勤めています。
　　　↓
叙述
　　　↓
Q＆A
```

　第１課で用いた人物カードを使って導入する。「住んでいます」も「勤めています」も共に動作ではないので、助詞は「で」ではなく「に」であることをよく理解させる。
　「勤めています」は「仕事をします」と比較するとわかりやすい。「田中さんは東京電機に勤めています」「今、２階の会議室で仕事をしています」のような二つの文を比較して練習するとよい。

４．親族名称

導入と練習

モデル→リピート

教　師：田中さんの家族です。

田中さんのご両親は大阪に住んでいます。

お父さんは大阪電機に勤めています。

↓

叙述

↓

モデル

教　師：私の両親は京都に住んでいます。

父は東京商事に勤めています。

学習者：私の父はワシントンに住んでいます。

父は旅行会社に勤めています。

　まず、ある人物（田中さん）の家族について図解したものを見ながら導入、練習する。次に教師が自分の家族について説明し、学習者にも自分の家族について説明させる。

　親族名称は一度に覚えるのは難しいので、教科書の表を見ながら練習し、自分に必要なものから覚えさせるようにする。ほかの人の家族を説明する場合と、自分の家族を説明する場合とは、使うことばが異なることをここでよく定着させる。

５．知っていますか／知りません

導入と練習

導入会話

教　師：田中さんの住所を知っていますか。

学習者：はい、知っています。

教　師：田中さんの電話番号を知っていますか。

（いいえ、知りません。）

学習者：いいえ、知りません。

　「知っています」「知りません」の使い分けは間違えやすいので、「はい」「いいえ」の答え方を指定して、間違えなくなるまで練習する。答え方は、場合によっては「わかりません」の方が失礼にならないことを教え、「わかりません」で答える練習も十分にする。

6．売っています

導入と練習

モデル→リピート

教　師：１階で傘を売っています。

　　　　　２階でかばんを売っています。

　↓

叙述

　↓

Q＆A

教　師：どこで傘を売っていますか。

学習者：１階で売っています。

「売っています」は、デパートや商店に売り物として備えている場合の表現として「〜で〜を売っています」の形で練習する。

タスク練習

１．友人や知人に、家族がどこに住んでいてどんな仕事をしているか尋ねる。

２．友人と、共通の友人の近況について話す。

GRAMMAR X　（第28課と第29課）

文法項目

「〜は〜が」の文型　助詞「は」によって範囲を限定した後、助詞「が」を使って、好み、能力、選択などを表す文型を学習する。

私はゴルフがじょうずです。	（第28課）
私はりんごが好きです。	（第28課）
私はタイプができます。	（第28課）
私は頭が痛いです。	（第28課）
私はジュースを／が飲みたいです。	（第28課）
私はジュースがいいです。	（第29課）
（私は）飲み物はジュースがいいです。	（第29課）

解説と注意点

１．〜は〜が〜

　　「〜は〜が〜」文を使って上記の意味内容を表す表現は日常よく使われるうえに、英語話者にはなかなか難しいのでまとめて学習する。

２．どんな〜が好きですか。

　　「どんな」には意図する質問の内容がいろいろある。第13課の NOTES 5（教 p.96）で解説されており、いくつかの答え方が紹介されている。形容詞を使っての答え方は、第13課で練習した。ここでは例えば、「どんな果物が好きですか」に対して、果物の中の具体的な一種、例えば、「りんご」をあげる答え方を練習する（前述 Notes A4にあたる）。「どんな」の幅広い使い方を習得すると、話題にも広がりが出る。

３．できます

　　「水曜日の午後できます」のように、完成を表す「できます」は、第21課で学習した。第28課では、「私はテニスができます」のような能力を表す「できます」を学習する。

GRAMMAR X

　PRACTICE では扱っていないが、GRAMMAR（教 p.174）では、「できます」には可能性
を表す用法もあることが書かれている。能力の「できます」がよく定着し、さらに余裕
がある場合は、日常生活に便利なので、「明日テニスができますか」などと可能性の用法
の練習を加えてもよい。

４．～を／が～たいです

　「ジュースを／が飲みたいです」の助詞は、近年「を」を使う人も多いし、英語話者
には、「が」より「を」の方がわかりやすい。また、人を目的語にした動詞の場合、例え
ば、「あいつを殴りたい」「彼女を抱きしめたい」のように、「が」が使えない場合があ
る。このことも「を」で練習させている理由の一つである。

副教材のヒント　10

　第28課では、「好き、嫌い」など、話し手の気持ちがテーマとなるので、あまり絵教
材を用意しなくても、いろいろな会話練習が可能である。

　第29課では、料理を選ぶために、メニューを用意すると練習しやすい。

第28課　好みを述べる

学習目標	場面	好み等について話す。

学習目標　場面　好み等について話す。
　　　　　　　　　欲求について話す。
　　　　　　　　　痛みについて話す。
　　　　　　　　　能力について話す。

学習項目　文型　〔人〕は〔名詞〕が〔形容詞〕です
　　　　　　　　　〔人〕は〔名詞〕ができます
　　　　　　　　　～たいです
　　　　　その他　～について
　　　　　　　　　～カ月／～度
　　　　　　　　　身体部位

　　　　　表現　さあ、知りません
　　　　　　　　　そうですね（あいづち）
　　　　　　　　　医師の診察を受ける表現

指導例

1．文型「〔名詞〕は〔名詞〕が〔形容詞〕です」

導入と練習

モデル

教　師：田中さんはよくコーヒーを飲みます。
　　　　　田中さんはコーヒーが好きです。
　　　　　スミスさんはよくゴルフに行きます。
　　　　　スミスさんはゴルフが好きです。

↓

モデル→リピート

教　師：コーヒーが好きです。

　　　　ゴルフが好きです。

　　　　田中さんはコーヒーが好きです。

　　　　スミスさんはゴルフが好きです。

　　　↓

叙述

　学習者にとってはこれまでの応用がきかない新しい文型なので、意味がわかるように既習の文で補足したり、意味がわかる絵カード、スケジュール表などを見せながらモデルをフルセンテンスで何度も聞かせる。意味がわかったら、まず「～が～」の形でよく練習させ、次に「～は～が～」の形で叙述練習をさせる。

導入と練習

会話練習

教　師：ビジーさんはスポーツが好きですか。

学習者：はい、好きです。

教　師：どんなスポーツが好きですか。

学習者：ゴルフが好きです。

教　師：ビジーさんは映画が好きですか。

学習者：いいえ、あまり好きではありません。

　　　↓

役割変換

　Q＆Aは単に「～が好きですか」と聞くより「どんな～が好きですか」「何が好きですか」のように疑問詞を含む質問の方がよく用いられるのでこの形でよく練習する。

導入会話

教　師：スミスさんはテニスが好きですか。

学習者：はい、好きです。

教　師：上手ですか。

学習者：いいえ、あまり上手ではありません。

　　　↓

役割変換

　「好きです」から話題を発展させて「上手です」を導入する。

144

２．文型「〔名詞〕は〔名詞〕が〔形容詞〕です（痛いです）」

導入と練習

モデル→リピート

教　師：頭が痛いです。
　　　　　目が痛いです。
　　　　　歯が痛いです。

↓

叙述

　先に、絵カードなどを使って、身体のいろいろな部分の名前を必要に応じて導入する。次に教師が、「～が痛い」というジェスチャーをしながら導入する。学習者には、実際にいろいろなところが痛いと想定しながら言わせる。

会話練習

教　師：どうしましたか。
学習者：頭が痛いです。
教　師：いつから痛いですか。
学習者：きのうの夜から痛いです。
教　師：のども痛いですか。
学習者：はい、のども痛いです。
教　師：熱がありますか。
学習者：はい、少しあります。
教　師：薬をあげますから、食事の後で飲んでください。

　これまでに学習した文型と組み合わせて医師との会話を練習する。
　学習者は患者の役ができればよい。痛い部分を問う場合、「どこ」を用いることも練習しておく。

３．文型「～ができます」

導入と練習

モデル→リピート

教　師：田中さんは英語ができます。
　　　　　スミスさんはドイツ語が少しできます。

```
      ↓
  叙述
      ↓
  Q & A
```

　クリーニング店での「いつできますか」の「できます」を先に学習しているが、意味が
まったく異なるので注意する。人物カードに特技を書いたものを用意して見ながら練習す
るとよい。

４．文型「〜たいです」

```
導入と練習
モデル
教　師：私はコーヒーが好きです。
　　　　今、コーヒーを飲みたいです。
　　　　これは面白い本です。
　　　　私はこの本を読みたいです。
      ↓
モデル→リピート
教　師：飲みます。
　　　　飲みたいです。
```

　場面と会話で意味を理解させてから文型練習に入る。学習者が動詞のステムの部分を聞
き取って意味が理解できることが大切なので、先に「〜たい」を使った文を言って聞かせ
る。意味がわかったら、「〜ます」と入れ替えて「〜たい」を作ることを学習者に気づかせ
るようにして形の作り方を導入し、いろいろな動詞で練習する。

```
練習
モデル→リピート
教　師：フランス語を勉強したいです。
　　　　おいしいコーヒーを飲みたいです。
　　　　外国に行きたいです。
　　　　仕事をしたくないです。
　　　　あの人に会いたくないです。
　　　　日曜日にテニスをしたかったです。
```

　　　　　（雨でしたから、しませんでした。）

　　　週末に仕事をしたくなかったです。

　　　　　（忙しかったですから、しました。）

　　↓

叙述

　できるだけ感情が込められる文を選んで練習する。教師のモデルをたくさん聞かせてリピートさせたら、学習者にも同じような文を作らせる。過去形について導入するときは、結局事態は反対だったということも言って確認する。

　活用は形容詞と同じであることを学習者に気づかせ、形は自分で考えさせるようにする。

会話練習

教　師：週末に何をしたいですか。

学習者：デパートに行きたいです。

教　師：デパートで何を買いたいですか。

学習者：新しい机を買いたいです。

教　師：どんな机を買いたいですか。

学習者：日本の机を買いたいです。

教　師：今、何を食べたいですか。

学習者：何も食べたくないです。

　　↓

役割変換

　会話を発展させていろいろな疑問詞を使う練習をする。

　「～たいですか」という質問は、目上や親しくない人に対して使うと失礼になることがある。ここで、その場合に用いる「コーヒーはいかがですか」のような言い方も練習しておくとよい。

タスク練習

１．家族や友人の好みや特技について説明する。

２．新しい社員やメイドを採用するインタビューをする。

第29課　外　食

学習目標　　**場面**　　レストランなどでメニューを見て注文する。

　　　　　　　　　　　いろいろな場面で好きなものを選択する。

　　　　　　　　　　　ほかの人の意向を聞いて計画をたてる。

学習項目　　**文型**　　〔名詞〕は〔名詞〕がいいです

　　　　　　　　　　　～ですか、～ですか（選択する）

指導例

1．文型「〔名詞〕は〔名詞〕がいいです」

導入と練習

モデル→リピート

教　師：飲み物はビールがいいです。

　　　　　料理はすきやきがいいです。

　　　　　デザートはメロンがいいです。

　　　↓

叙述

　　　↓

導入会話

教　師：飲み物はビールがいいですか、ジュースがいいですか。

学習者：ビールがいいです。

役割変換

　先にメニューを見て必要な語彙を導入または復習しておく。その上でメニューを見ながら「選択」していき、文型の意味を理解させる。

　「～ですか、～ですか」の質問は、第1課で、「〔名詞₁〕ですか、〔名詞₂〕ですか」で学

習しているが、動詞や形容詞の述語部分を繰り返すという意味ではここではじめて学習する。これまでに、「京都に行きますか、大阪に行きますか」のような文型を練習していない場合は、ここでよく練習しておく。

```
会話練習
教　　師：飲み物は何がいいですか。
学習者：ビールがいいです。

教　　師：レストランはどこがいいですか。
学習者：レストラン東京がいいです。

教　　師：会議は何時がいいですか。
学習者：2時がいいです。
　　　　　↓
役割変換
```

　レストランのメニュー、旅行のパンフレット、東京のガイドブックなどを用意して、注文したり、計画を立てたりする場面を設定して練習するとよい。
　学習者は、よく「～がいいです」と「～が好きです」を混同することがある。使い方の違いを理解させるためには、以下のように、単に好みについて話す会話と、具体的に一つを選ぶ場合を比較して練習するよい。

```
会話練習
教　　師：ビジーさんは映画が好きですか。
学習者：ええ、好きです。
教　　師：どんな映画が好きですか。
学習者：楽しい映画が好きです。

教　　師：あした、いっしょに映画を見ませんか。
学習者：いいですね。いきましょう。
教　　師：日本の映画がいいですか。アメリカの映画がいいですか。
学習者：アメリカの映画がいいです。
教　　師：何がいいですか。（上映中の映画リストを見せながら）
学習者：そうですね。「～」がいいです。
```

２．すきやきは先週食べました
　目的格を「～は」で取り上げる文型ははじめてであるが、ここで文型として導入、練習

させる必要はない。第11課の「きのうは」と同じように、学習者が読んだり、聞いたりして理解できる程度でよい。

タスク練習

1．ほかの人の希望を聞いて、旅行、食事会、スポーツなどの計画をたてる。

2．ほかの人の都合を聞いて、会議をアレンジする。

第30課　手紙　（復習）

　この課はこのテキストの総復習である。まとまった文を読んで内容を理解することが第一の目的である。学習者の実力にあわせて、使い方を工夫する。

助詞のまとめ

1. は   私<u>は</u>スミスです。   第 1 課

                      林さん<u>は</u>京都に行きます。   6

                      大阪に<u>は</u>行きません。   6

                      昨日<u>は</u>スミスさんのうちに行きました。   11

                      すきやき<u>は</u>先週食べました。   29

                      週末に<u>は</u>ドライブをしたいですが、   30

2. の   東京電気<u>の</u>田中です。   1

                      私<u>の</u>名刺です。   2

                      私<u>の</u>です。   2

                      日本<u>の</u>車です。   5

                      100円<u>の</u>切手をください。   5

                      京都<u>の</u>支社に行きます。   6

                      去年<u>の</u> 5 月18日に来ました。   7

                      テーブル<u>の</u>上に花と新聞があります。   8

                      友達<u>の</u>クラークさんにもらいました。   15

                      私<u>の</u>好きな色です   15

                      食事<u>の</u>後で新聞を読みます。   19

                      3800円<u>の</u>おつりです。   20

                      次<u>の</u>信号を右に曲がってください。   20

                      テレビ<u>の</u>カタログをもらいました。   23

                      新しい<u>の</u>を使います。   30

3. か   スミスさんです<u>か</u>。   1

                      弁護士です<u>か</u>、会社員です<u>か</u>。   1

                      どなたです<u>か</u>。   1

                      そうです<u>か</u>。（╲）   18

4. から   10時<u>から</u>です。   3

                      10時<u>から</u> 6 時までです。   3

152

		アメリカから来ました。	6
		今日は土曜日ですから、郵便局は12時までです。	9
		東京駅から麻布まで30分かかりました。	22
5.	**まで**	6時までです。	3
		10時から6時までです。	3
		病院まで5分ぐらい歩きました。	22
		東京駅から麻布まで30分かかりました。	22
6.	**を**	それをください。	4
		歌舞伎を見ます。	10
		日本語の勉強をします。	10
		次の信号を右に曲がってください。	21
		飛行機は何時に大阪を出ますか。	22
		銀座でバスを降りてください。	22
7.	**も**	これも3000円です。	4
		大阪にも行きますか。	6
		誰もいません。	8
		本も読みたいです。	28
8.	**で**	ひとりで行きます。	6
		タクシーで来ました。	7
		銀座のプレイガイドで買いました。	10
		大使館でパーティーがあります。	18
		食事の後で新聞を読みます。	19
		5000円でお願いします。	21
9.	**と**	会社の人と行きます。	6
		テーブルの上に花と新聞があります。	8
10.	**が**	どの電車が行きますか。	6
		1階に居間があります。	8
		日本語がわかりましたか。	14
		都合が悪いです。	17
		私は映画の切符が2枚あります。	18
		友達のリンダさんが来ました。	19
		毎朝コーヒーを飲みますが、何も食べません。	11
		加藤ですが、ご主人はいらっしゃいますか。	12

参考文献

日本語教育学会編『日本語教育事典』大修館書店

K. Johnson, K. Morrow 著　小笠原八重訳『コミュニカティブ・アプローチと英語教育』桐原書店

D. A. Wilkins 著　島岡　丘訳『ノーショナル・シラバス』桐原書店

クロード・ロベルジュ、木村匡康編著『日本語の発音指導』凡人社

アール・W・ステヴィック著『新しい外国語教育—サイレントウェイのすすめ』アルク

D. Nunan, *Learner-Centred Curriculum,* Cambridge University Press

(改) コミュニケーションのための日本語 I
教師用指導書
JAPANESE FOR BUSY PEOPLE I
TEACHER'S MANUAL　Revised Edition

1994年 3 月15日　第 1 刷発行
1998年 1 月23日　第 3 刷発行

著　者　社団法人　国際日本語普及協会

発行者　野間佐和子

発行所　講談社インターナショナル株式会社
　　　　〒112-8652 東京都文京区音羽 1-17-14
　　　　電話：03-3944-6493

印刷所　株式会社　平河工業社

製本所　株式会社　国宝社

KODANSHA INTERNATIONAL DICTIONARIES

Easy-to-use dictionaries designed for non-native learners of Japanese.

ふりがな和英辞典
KODANSHA'S FURIGANA
JAPANESE-ENGLISH DICTIONARY

The essential dictionary for all students of Japanese.
• Furigana readings added to all Kanji   • Comprehensive 16,000-word basic vocabulary

Vinyl binding, 592 pages, ISBN 4-7700-1983-1

ふりがな英和辞典
KODANSHA'S FURIGANA
ENGLISH-JAPANESE DICTIONARY

The essential dictionary for all students of Japanese.
• Furigana readings added to all Kanji   • Comprehensive 14,000-word basic vocabulary

Vinyl binding, 728 pages, ISBN 4-7700-2055-4

ポケット版　ローマ字和英辞典
KODANSHA'S POCKET ROMANIZED
JAPANESE-ENGLISH DICTIONARY

Easy-to-use and convenient, an ideal pocket reference for beginning and intermediate students, travelers, and business people.
• 10,000-word vocabulary.   • Numerous example sentences.

Paperback, 480 pages, ISBN 4-7700-1800-2

ローマ字和英辞典
KODANSHA'S ROMANIZED JAPANESE-ENGLISH DICTIONARY

A portable reference written for beginning and intermediate students of Japanese.
• 16,000-word vocabulary.   • No knowledge of *kanji* necessary.

Vinyl binding, 688 pages, ISBN 4-7700-1603-4

ポケット版　教育漢英熟語辞典
KODANSHA'S POCKET KANJI GUIDE

A handy, pocket-sized character dictionary designed for ease of use.
• 1,006 *shin-kyoiku kanji*.   • 10,000 common compounds.
• Stroke order for individual characters.

Paperback, 576 pages, ISBN 4-7700-1801-0

常用漢英熟語辞典
KODANSHA'S COMPACT KANJI GUIDE

A functional character dictionary that is both compact and comprehensive.
• 1,945 essential *joyo kanji*.   • 20,000 common compounds.
• Three indexes for finding *kanji*.

Vinyl binding, 928 pages, ISBN 4-7700-1553-4

日本語学習使い分け辞典
EFFECTIVE JAPANESE USAGE GUIDE

A concise, bilingual dictionary which clarifies the usage of frequently confused Japanese words and phrases.
• Explanations of 708 synonymous terms.   • Numerous example sentences.

Paperback, 768 pages, ISBN 4-7700-1919-X

Innovative Workbooks for Learning Japanese Kana & Kanji.

ひらがながんばって！
HIRAGANA GAMBATTE!   *Deleece Batt*
An entertaining and effective illustrated workbook for younger learners. Clever mnemonic devices make learning the *hiragana* syllabary fun and easy.
Paperback, 112 pages, ISBN 4-7700-1797-9

カタカナがんばって！
KATAKANA GAMBATTE!   *Deleece Batt*
This new, interactive workbook teaches *katakana* with *manga*-style art and nearly 100 mini-articles on Japanese society and culture.
Paperback, 112 pages, ISBN 4-7700-1881-9

にほんごがんばって！
TALK JAPANESE GAMBATTE!   *Kazuhiko Nagatomo*
Covers all the main elements of basic Japanese in twelve culture-based episodes, with interactive games and manga-style artwork.
Text; Paperback, 128 pages, ISBN 4-7700-1932-7 / Tape; 40-minute cassette tape, ISBN 4-7700-1933-5

ひらがな
LET'S LEARN HIRAGANA   *Yasuko Kosaka Mitamura*
A well-tested, step-by-step program for individual study of the *hiragana* syllabary.
Paperback, 72 pages, ISBN 0-87011-709-2

カタカナ
LET'S LEARN KATAKANA   *Yasuko Kosaka Mitamura*
The companion volume for learning the *katakana* syllabary used for foreign words and new terms.
Paperback, 88 pages, ISBN 0-87011-719-X

はじめての漢字ブック
KANJI FROM THE START   *Martin Lam and Kaoru Shimizu*
A basic-level reader which teaches *kanji* reading and writing skills in 12 graded lessons. Includes a grammar glossary and index, and Japanese-English and English-Japanese word lists.
Paperback, 372 pages, ISBN 4-7700-1936-X

常用漢字完全ガイド
THE COMPLETE GUIDE TO EVERYDAY KANJI
Yaeko S. Habein and Gerald B. Mathias
An exhaustive guide to the 1,945 most frequently used Sino-Japanese characters in the Japanese language.
Paperback, 344 pages, ISBN 4-7700-1509-7

Japanese Language Learning Materials from Kodansha International

NHKラジオ日本「やさしい日本語」 全4巻
LET'S LEARN JAPANESE *Nobuko Mizutani, Ph.D.*
Basic Conversation Skills

A four-volume series of easy lessons in practical conversational Japanese from NHK's popular Radio Japan language program. Audio cassettes of the broadcasts are also available for individual or classroom study.

Volume I:	Text	paperback, 136 pages	ISBN 4-7700-1711-1
	Tapes	three audio cassettes, 195 mins.	ISBN 4-7700-1741-3
Volume II:	Text	paperback, 136 pages	ISBN 4-7700-1784-7
	Tapes	three audio cassettes, 195 mins.	ISBN 4-7700-1785-5
Volume III:	Text	paperback, 136 pages	ISBN 4-7700-1786-3
	Tapes	three audio cassettes, 195 mins.	ISBN 4-7700-1787-1
Volume IV:	Text	paperback, 152 pages	ISBN 4-7700-1788-X
	Tapes	three audio cassettes, 195 mins.	ISBN 4-7700-1789-8

ハンディ・ジャパニーズ
HANDY JAPANESE! *Tom Gally*
Surviving with the Basics

Teaches enough language skills to communicate in everyday situations. Ideal for travelers, business people, and beginning students.

Paperback with audio cassette, 160 pages, ISBN 4-7700-1748-0

日本語で歌おう！
SING JAPANESE! *Peter Tse*
The Fun Approach to Studying Japanese

Learn to croon popular Japanese standards with this innovative guide to the world of *karaoke*. Includes a 60-min. prerecorded cassette with twelve songs. For beginners and intermediate students.

Paperback with audio cassette, 168 pages, ISBN 4-7700-1866-5

モジュール学習　コミック日本語講座
DO-IT-YOURSELF JAPANESE THROUGH COMICS
Kazuhiko Nagatomo, Miho Steinberg

Twelve manga-illustrated modules cover all the main elements of basic Japanese. Companion cassette tape available separately.

Text; paperback, 112 pages, ISBN 4-7700-1935-1
Tape; 40-minute cassette tape, ISBN 4-7700-1930-0

新聞の経済面を読む
READING JAPANESE FINANCIAL NEWSPAPERS
Association for Japanese-Language Teaching

An innovative and comprehensive textbook for business people who need direct access to the financial pages of Japanese newspapers.

Paperback, 388 pages, ISBN 0-87011-956-7

The best-selling language course is now even better!

改訂版　コミュニケーションのための日本語　全3巻

JAPANESE FOR BUSY PEOPLE　　Revised Edition

Association for Japanese-Language Teaching (AJALT)

The leading textbook for conversational Japanese has been improved to make it easier than ever to teach and learn to speak Japanese.

- Transition to advancing levels is more gradual.
- English-Japanese glossary added to each volume.
- Short *kanji* lessons introduced in Volume I.
- Clearer explanations of grammar.
- Shorter, easy-to-memorize dialogues.

Volume I

Teaches the basics for communication and provides a foundation for further study.
- Additional appendices for grammar usage.

Text	paperback, 232 pages	ISBN 4-7700-1882-7
Text / Kana Version	paperback, 256 pages	ISBN 4-7700-1987-4
Tapes	three cassette tapes (total 120 min.)	ISBN 4-7700-1883-5
Compact Discs	two CD's (total 120 min.)	ISBN 4-7700-1909-2
Workbook	paperback, 184 pages	ISBN 4-7700-1907-6
Workbook Tapes	two cassette tapes (total 100 min.)	ISBN 4-7700-1908-4
Japanese Teacher's Manual	paperback, 160 pages	ISBN 4-7700-1906-8
English Teacher's Manual	paperback, 244 pages	ISBN 4-7700-1888-6

Volume II & Volume III

Teaches the basic language skills necessary to function in a professional environment.
- Original Volume II has been divided into two separate volumes.
- New, larger type size is easier to read.

Volume II

Text	paperback, 288 pages	ISBN 4-7700-1884-3
Text / Kana Version	paperback, 296 pages	ISBN 4-7700-2051-1
Tapes	three cassette tapes (total 200 min.)	ISBN 4-7700-1885-1
Compact Discs	three CD's (total 200 min.)	ISBN 4-7700-2136-4
Workbook	paperback, 260 pages	ISBN 4-7700-2037-6
Workbook Tapes	three cassette tapes (total 130 min.)	ISBN 4-7700-2111-9
Japanese Teacher's Manual	paperback, 168 pages	ISBN 4-7700-2036-8

Volume III

Text	paperback, 248 pages	ISBN 4-7700-1886-X
Text / Kana Version	paperback, 296 pages	ISBN 4-7700-2052-X
Tapes	three cassette tapes (total 200 min.)	ISBN 4-7700-1887-8
Compact Discs	three CD's (total 200 min.)	ISBN 4-7700-2137-2

Kana Workbook

Learn *hiragana* and *katakana* more quickly and easily than ever before.
- A unique approach to well-written *kana*.
- Parallel learning of reading, writing, listening, and pronouncing.

Text	paperback, 80 pages	ISBN 4-7700-2096-1
Tape	one cassette tape (40 min.)	ISBN 4-7700-2097-X